我爱灿烂的五千年

了解一方文明从一座博物馆开始

文物没有呼吸
却有不朽的灵魂和生命
穿越千年与我们相逢

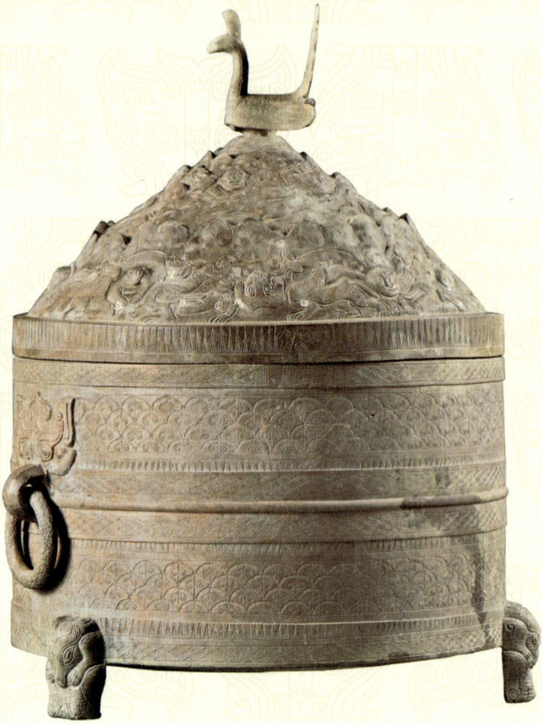

一本博物馆
全国博物馆通识系列

成都博物馆

成都博物馆　编著

四川人民出版社

图书在版编目（CIP）数据

成都博物馆 / 成都博物馆编著 . -- 成都：四川人民出版社，2025.8. -- （全国博物馆通识系列：一本博物馆）. -- ISBN 978-7-220-13628-3
Ⅰ . G269.277.1-49
中国国家版本馆 CIP 数据核字第 2024315AA2 号

CHENGDU BOWUGUAN
成都博物馆
成都博物馆 编著

出 版 人	黄立新
选题策划	北京增艳锦添
统筹编辑	蒋科兰　李天果
责任编辑	曹　娜
特约编辑	李天果　温　浩
特约校对	莫欣欣
责任印制	周　奇
装帧设计	北京增艳锦添
出版发行	四川人民出版社（成都市锦江区三色路 238 号）
网　　址	http://www.scpph.com
E-mail	scrmcbs@sina.com
新浪微博	@ 四川人民出版社
微信公众号	四川人民出版社
发行部业务电话	（028）86361653　86361656
防盗版举报电话	（028）86361661
照　　排	北京增艳锦添企业形象策划有限公司
印　　刷	成都市东辰印艺科技有限公司
成品尺寸	155mm×220mm
印　　张	18
字　　数	217 千
版　　次	2025 年 8 月第 1 版
印　　次	2025 年 8 月第 1 次印刷
书　　号	ISBN 978-7-220-13628-3
定　　价	99.00 元

版权所有・侵权必究
本书若出现印装质量问题，请与我社发行部联系调换
电话：（028）86361653

《一本博物馆 成都博物馆》编写委员会

主　　编	任　舸　曹增艳
执行主编	黄晓枫　温　浩
副 主 编	黄一鸣　龚小雪　吴安琪
编委成员	王美霖　邓双双　刘　蕾　刘秋佚　杜　康　李　龙
	张　玥　张宝琳　范　犁　罗　迅　周　杰　徐　梅
	徐佳艺　袁　焉　黄彦怡　蒋宛羚　戴媛媛　魏　敏
	刘滨滨　李天果　岳娜娜　殷莲莲　席翠翠
插画设计	闵宇璠　赵　静　罗　玉
平面设计	翁玲玲　孙　博　赵海燕
设计指导	刘晓霓
诗文撰稿	曹增艳　张富遐
统　　稿	黄晓枫　曹增艳　陈　坤
书　　法	张其亮

选题策划	北京增艳锦添企业形象策划有限公司
	潍坊增艳企划发展有限公司
资料提供	成都博物馆

前言

为什么出版"一本博物馆"系列图书？我们曾经反复追问自己，试图把这个问题表述清楚。

你是否有过这样的经历？每到一个地方，因为慕名而来，也因为带着一份好奇和对文化的膜拜，一定要参观一次当地的博物馆。于是，花费一两个小时，走马观花，耳目中塞满了没有任何基础铺垫的知识，看过博物馆只能说出其中几件知名度极高的藏品。绝大多数的观众穿越千山万水，可能一生中仅有一次机会与这些承载几千年历史的古物相见，而这一次起到的作用仅仅是"有助谈资"，对博物馆里真正的宝藏，仅算瞥了一眼。

大家需要"一本博物馆"

博物馆不是普通旅游景点，其中陈列着数以万计的文物，背后藏着丰富的文化内容。如果参观博物馆前不认真准备一番，只是匆匆走过，难免像看了一堆陈旧物品的"文化邮差"。参观博物馆前预习，参观时看到文物才会与它似曾相识；参观博物馆后温习，回味给自己留下深刻印象的内容和文化脉络，如此，才算基本了解一座博物馆。

博物馆里有一锅"文化粥"

如果说，考古是人类文明的"第一现场"，那么，博物馆则是"第二现场"，从发掘转向了收藏和展示。在博物馆中，人类文明被高度浓缩，大众得以与历史直面。

美国盲人作家海伦·凯勒曾在《假如给我三天光明》一书中写道，如果拥有三天光明，她会选择一天去博物馆："这一天，我将向过去和现在的世界匆忙瞥一眼。我想看看人类进步的奇观，那变化无穷的万古千年，这么多的年代，怎么能被压缩成一天呢？当然是通过博物馆。"

博物馆有多种类型：综合的、历史的、自然的、艺术的、科技的、特殊类型的，等等。博物馆里有百科，是一锅熬了千百年、包罗万象并经过系统整理、直观呈现人类文明的"文化粥"。

文物是眼见为实的历史

文物是眼见为实的历史，即使是学者们对此解读有争议，起码也是在实证的基础上进行的。如此，我们便更能了解历史的原貌，这是对历史的尊重。

文物是形象化的记忆

事物容易被记住往往首先是因为它有趣的形式。千言万语不及一张图。有学者推算，我们一般人"记忆中的语言信息量和形象信息量的比为1∶1000"。文物正是因其有趣的形式、直观的形象，比文字记录更让人印象深刻。

文化是民族的血脉和灵魂

文化是民族的血脉和灵魂。一个国家、一个民族、一个家族、一个人的自信不仅缘于有多少财富、多大权力，还缘于其深厚的文化底蕴。好比我们以自己的家世为荣，有一天，拿着母亲的照片对别人说："这是我母亲年轻的时候，她也曾经风华绝代呢。"

如上缘起，博物馆专家团队与北京增艳锦添，联合出版"一本博物馆"系列丛书，根据每个博物馆展览陈列的线索，尽可能多地选取每个展厅中的文物，将翔实的内容、严谨的知识用通俗的语言表达出来，以有趣的形式呈现。我们的目的只有一个：大家拿着"一本博物馆"，走进一座博物馆，爱上连绵不断的中华文明。

序

成都博物馆成立于1958年,是国家一级博物馆,拥有近30万件藏品,建筑面积6.5万平方米,是西南地区最大的城市综合博物馆。新馆位于成都市中心天府广场西侧,2016年开馆以来,逾2000万人次的参观者走进这座博物馆,在博物馆空间感知城市的过去、现在和未来。馆内现有三大常设展览系列,从历史人文、民俗技艺到自然科学,类型多样,内容丰富,全方位、多角度地为公众呈现城市文化内涵。"花重锦官城——成都历史文化陈列"包含古代篇、近世篇和民俗篇三个篇章,描绘这座城市波澜壮阔的发展诗篇。"花重锦官城——成都历史文化陈列·古代篇"以文物实证历史,通过1300余件与成都历史文化息息相关的文物叙述这座城市4500年的盛衰交替、起伏跌宕与灿烂辉煌;"花重锦官城——成都历史文化陈列·近世篇"聚焦近代成都的历史变迁和社会发展,呈现充满变革与进步的时代主题;"花重锦官城——成都历史文化陈列·民俗篇"则以丰富的展品与展项重构城市日常生活,再现了千年来一脉相承的城市习俗风尚与民生百态。"影舞万象·偶戏大千——中国皮影木偶展"汇聚全国皮影木偶精品,以世界上数量最多、种类最全、品质最优的皮影收藏为基础,赋予皮影与木偶两类古老艺术以现代新生,绽放崭新光彩。

成都博物馆以品牌建设着力塑造既传统又现代的博物馆文化,"成博品牌"成为推进博物馆高质量发展的重要内容。"成博展览季"特展品牌分别于春、夏、秋三个季节有序推出"辉煌成都""多彩文明""艺术典藏"三大特展系列主题,构建起精彩纷呈的展览品牌;2020年,在全国首创集研学体验为一体的"周末儿童博物馆",围绕临展和"历史传统文化""艺术美育""自然科学"三大板块,五年来共推出专题活动近1500场,惠及近7万余组家庭、近20万人;"这礼是成都"文创产品设计大赛自2019年举办以来,吸引了成千上万热爱博物馆文化创意的人士参与，逾8000件参赛作品成为博物馆文化传播与文物活化的生动案例。截至2024年的统计，来到成都博物馆的观众七成左右是省外游客，八成以上是青年观众，成都博物馆显著发挥着城市文化会客厅的功能。

为了让更多人了解成都博物馆，我们与北京增艳锦添公司联合出版这本《一本博物馆·成都博物馆》文物通识读本。这本书聚焦成都博物馆馆藏与展览，图文并茂、趣味十足，用朴实的文字和生动的图像将展厅中的精彩内容娓娓道来。或许你已经到过成都博物馆，在纵观4500年城市文明后，这本书可以为你的参观再留下一些美好记忆。或许你还未来过成都博物馆，但对成都历史文化心向往之，这本书则能让你先睹为快，一览博物馆语境下气象万千的成都气质。我们希望，《一本博物馆·成都博物馆》是一扇窗、一座桥、一把钥匙，让你以最为本源的方式了解这座城市，给予你一次爱不释手的文化体验。

如同成都这座深具包容、豁达和开放创新精神的城市一样，成都博物馆希望陪伴你探索更多历史与文化的创新表达。我们深信，来到成都博物馆的您观一展、读一城；我们还希望，来到成都博物馆的你，因一座馆、一个展，爱上一座城。

诚挚欢迎您来到成都博物馆！

成都博物馆馆长
2025年6月25日

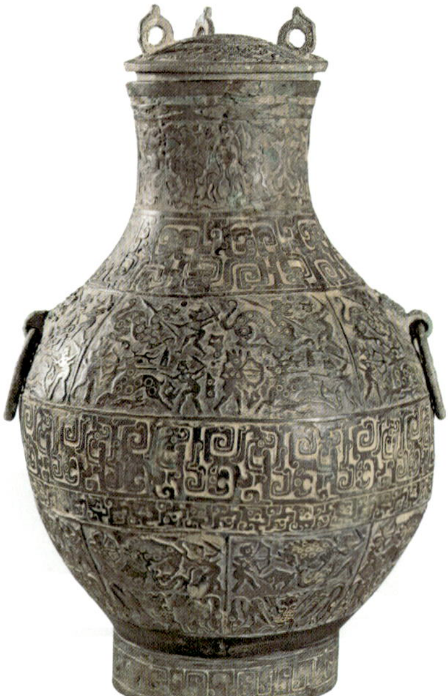

目录

了解成都博物馆
成都博物馆导视图 /002
成都博物馆简介 /004

花重锦官城——成都历史文化陈列·古代篇

第一篇 九天开出一成都
—— 先秦时期的成都

第一单元 文明曙光
陶宽沿平底尊 /012
陶敞口圈足尊 /013
陶绳纹花边口平底罐 /013
石斧 /016
穿孔石锛 /016
端刃石凿 /019
石镞 /019

第二单元 十二桥文化
兽头双耳铜罍 /021
铜龙形钮盖 /022
有领玉璧 /023
玉斧 /024
玉矛 /024
陶尖底杯 /025
陶尖底盏 /025
陶圈足罐 /026
陶豆 /026
陶喇叭口罐 /026

陶圈足杯 /027
陶盉 /027
陶高领平底罐 /028
陶高柄灯形器 /029
骨针 /030
骨锥 /030
骨匕 /030

第三单元 载魂之舟

船棺 /033
漆几 /034
漆案 /035
漆禁 /036
漆豆 /037
漆簋 /037
漆盒 /038
铜簋 /039
铜缶 /040
狩猎纹铜壶 /041
铜壶 /042

第四单元 蜀国利兵

虎钮铜錞于 /044
铜钲 /045
铜钺 /045
三角援铜戈 /046
有胡铜戈 /047
直内铜戈 /048
柳叶形铜剑 /049
楚式铜剑 /050

第五单元 巴蜀图语

虎纹铜戈 /051
蚕纹铜戈 /052
铜带鞘双剑 /053
柳叶形铜剑 /054
手心纹虎纹铜矛 /055
巴蜀图语铜勺 /056
巴蜀图语铜印章 /057
巴蜀图语铜印章 /057

第六单元 秦人入蜀

铜蒜头壶 /059
半两钱 /059
石犀 /061

第二篇　西蜀称天府
——两汉魏晋南北朝时期的成都

第一单元　沃野千里兴农桑

庄园生活画像石 /064
陶狗 /065
莲池渔猎画像砖 /066
弋射收获画像砖 /067
陶持锄执箕俑 /068
陶庖厨俑 /069
陶庖厨俑 /070
陶水塘 /071
陶仓 /072

第二单元　汉城风貌

车马过桥画像砖 /074
市肆画像砖 /075
辎车画像砖 /076
盐井画像砖 /077
歌舞宴乐画像砖 /078
歌舞杂技画像砖 /079
鞞舞画像砖 /080
六博画像砖 /081
陶楼 /082
陶井 /083
陶汲水俑 /084
陶御手俑 /085
陶持镜俑 /086
陶匍匐俑 /087
陶俳优俑 /088
陶俳优俑 /089
陶抚琴俑 /090
陶吹笛俑 /091
陶立舞俑 /092
错金银铜带钩 /093
错金银铜带钩 /093
铜樽 /094
铜扁壶 /095
"大布黄千"铜布币 /096
"一刀平五千"铜刀币 /097
兽纹铜镜 /098
连弧纹铜镜 /099
铜羊灯 /100

第三单元　蜀郡巧工

滑框/连杆型一勾多综提花木织机模型 /102
调丝木俑/纬络木俑 /103
漆木马 /105
髹漆陶鼎 /106
漆木案 /107
"弓"字铭漆木耳杯 /108
蜀郡铁锸 /109
铁釜 /109
"蜀郡工官"铜盆 /110

第四单元　文章冠天下

第五单元　古医奇珍

髹漆经穴人像 /115
天回医简 /116

第六单元　道教起源

陶仙山座 /118
西王母画像砖 /119

伏羲女娲画像砖 /120
陶有翼神兽座 /121
石熊 /121

第七单元　三国鼎立之蜀汉

第八单元　賨人政权

陶俑 /125
陶持物俑 /126
吹排箫陶俑 /127
陶俑 /128
"汉兴"钱 /129

第九单元　梵音入传

比丘晃藏造释迦像 /131
张元造释迦多宝像 /132
柱僧逸造阿育王像 /133

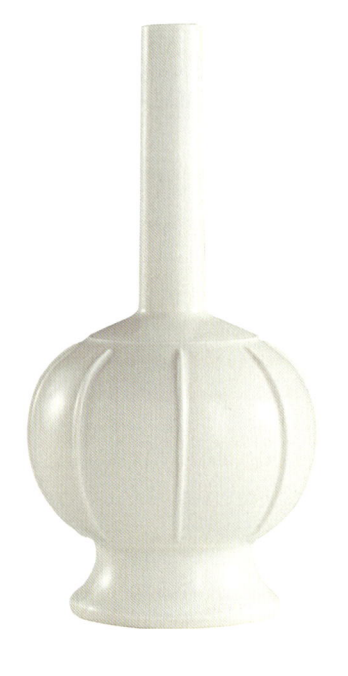

第三篇　喧然名都会
——隋唐五代宋元时期的成都

第一单元　扬一益二

青羊宫窑釉下绿彩高足瓷杯 /136
青羊宫窑多足瓷砚 /137
团窠对兽纹夹联珠对鸟纹半臂 /138
联珠羊纹锦拼鸟纹锦 /139
镂空鎏金香囊 /140
邢窑"官"字款白瓷瓶 /141
邛窑黄绿釉高足炉 /142
邛三彩盂 /143
邛三彩五足炉 /144

第二单元　佛寺林立

菩萨头石像 /146
经幢 /147

第三单元　乐舞文华

彩绘陶琵琶俑 /149
彩绘陶吹笛男俑 /150
彩绘陶吹排箫俑 /151
彩绘陶吹笙女俑 /152
彩绘陶鸡娄鞺牢鼓俑 /153
彩绘陶击都昙鼓俑 /154
彩绘陶击大鼓俑 /155
彩绘陶花冠女舞俑 /156
彩绘陶武士俑 /157

第四单元　石刻艺术

力士像石刻 /159
动物画像石刻 /161

第五单元　宋人生活

定窑白瓷孩儿枕 /163
陶庭院 /164
青铜象棋子 /165
景德镇窑青白釉花口瓷瓶 /166
带流铜壶 /167
玳瑁纹瓷碗 /168
黑釉瓷盏 /169
邛窑黄绿釉五足香炉 /170
景德镇窑青白釉三足鼎式瓷香炉 /170
金钗 /172
银钗 /172

金簪 /173
景德镇窑青白瓷子母粉盒 /174
磁峰窑花口斗笠白瓷碗 /175
铜镜 /176
带柄铜镜 /176
银碗 /177
带把金杯 /178
邛窑乳浊绿釉瓜棱瓷注壶 /179
凤鸟葵花纹铜镜 /180

第六单元　蜀中货币

"李四郎金"金牌 /182
"晋姚九郎金"金牌 /183
银锭 /184

目录　005

第四篇　丹楼生晚辉
　　——明清时期的成都

第一单元　蜀王遗宝
镶宝石鎏金铜带钩 /186
镶宝石金束发冠 /187
苍龙教子玉带钩 /188
谷纹玉圭 /188

第二单元　错彩镂金
菱形花金冠饰 /189
卷云形金冠饰 /190
蝙蝠纹金耳钉 /191
累丝金耳环 /191
"寿"字金挑心 /192
凤头金钗 /193

第三单元　明瓷撷英
青花"福寿康宁"带盖瓷瓶 /194
孔雀蓝釉瓷碗 /195
珐华堆塑狮纹带盖炉 /195
哥釉瓷执壶 /196
青花卷草纹瓷执壶 /197

第四单元　明俑集珍
彩绘陶将军俑 /199
彩釉陶侍从俑／彩釉陶马 /200
彩釉陶侍从俑 /201

第五单元　清瓷荟萃
粉青釉瓷琮式瓶 /202
粉彩皮球花纹瓷碗 /203
青花缠枝莲纹瓷赏瓶 /204
粉彩云蝠纹瓷赏瓶 /205
窑变釉瓷穿带瓶 /205

第六单元　袖珍琳琅
玉烟嘴 /206
玛瑙鼻烟壶 /207

006　成都博物馆

花重锦官城——成都历史文化陈列·民俗篇

第一单元　走进老成都

街巷故事
生活掠影

第二单元　川人尚滋味

食味代变
川味正宗
市井美食
陈兴盛饭铺与"麻婆豆腐" /216
坝坝宴 /217

第三单元　岁时遨游乐

宴饮游赏
青羊花会 /219
第一次商业劝工会 /220
楠木林花会 /221
青羊花会里的成都小吃 /222
川剧和成都三庆会 /225
被单戏 /226
西洋镜 /226
小鼓 / 堂鼓 / 大钹 / 小锣 /227

第四单元　茶馆小成都

三才盖碗
盖碗茶 /228
老虎灶 /229

茶馆人生

目录　007

影舞万象——中国皮影展

《古城会》皮影戏组件 /234
《樊梨花与薛丁山》皮影戏组件 /235
《白蛇传·断桥》皮影戏组件 /236
瓶花摆景皮影 /237
《马上封侯》皮影 /238
《独占鳌头》皮影 /239
《西游记·龙宫借宝》皮影戏组件 /240
《西厢记·花园相会》皮影戏组件 /242
《魁星点斗》皮影 /244
《鹤鹿同春》皮影 /245
《聊斋志异·赵城虎》皮影戏组件 /246
《出巡》皮影戏组件 /248

翰墨丹青——成都博物馆藏书画精品

《云山晓色图》轴 /252
《甘泉宫铭》轴 /253
《山水图》轴 /254
《岷山春霭图》轴 /255
《山水图》轴 /256
《赠余中英书画》四条屏 /257

生字词注音释义 /260

目录 009

CHENGDU MUSEUM
成都博物馆

了解成都博物馆

筹建时间：1958年
地理位置：成都市青羊区小河街1号
建筑面积：6.5万平方米
常设展览：基本陈列"花重锦官城——成都历史文化陈列"
　　　　　专题陈列"影舞万象·偶戏大千——中国皮影木偶展"
　　　　　"人与自然——贝林捐赠展"
藏品数量：近30万件（套）
藏品特色：历史文物、皮影木偶、近现代书画等

＊本书对尚不能确定的文物信息，均暂付阙如。

成都博物馆
楼层平面示意图

🛈 咨询台　　🏛 社教区　　☕ 咖啡厅　　🚻 卫生间　　👶 母婴室　　📈 扶梯

🎬 放映厅　　🎁 文创空间　　🍵 茶饮　　👨‍👩‍👧 家庭卫生间　　🛗 直梯

−1F 9号展厅
人与自然

1F 1号特展厅

2F 2号展厅
成都历史文化陈列　古代篇（先秦—南北朝）

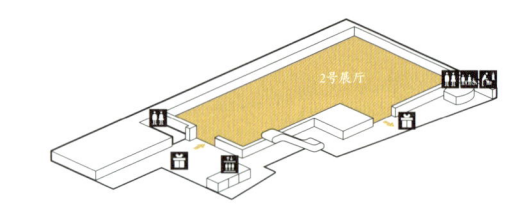

002　成都博物馆

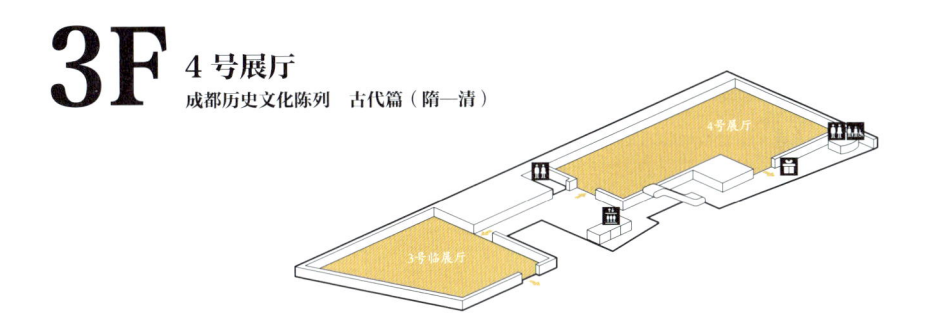

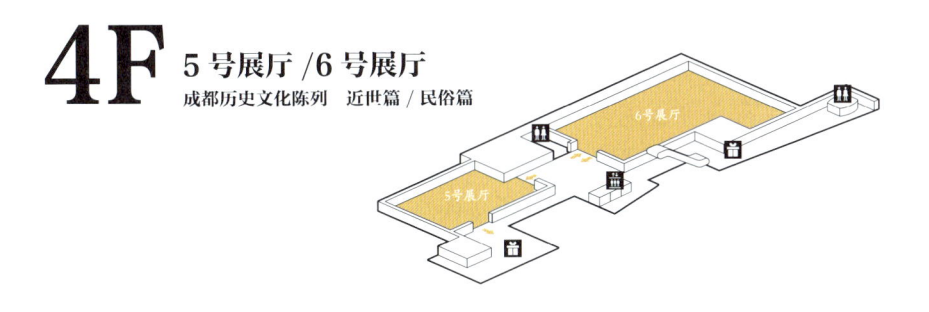

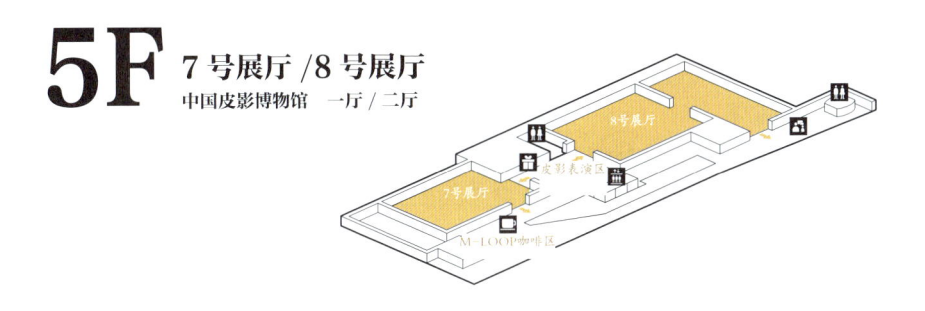

3F　4号展厅
成都历史文化陈列　古代篇（隋—清）

4F　5号展厅/6号展厅
成都历史文化陈列　近世篇/民俗篇

5F　7号展厅/8号展厅
中国皮影博物馆　一厅/二厅

6F　空中艺术沙龙

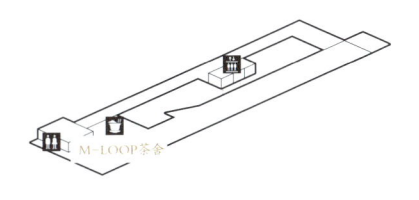

成都博物馆简介

历史沿革

1958年，成都市人民政府组建成都市地志博物馆筹备委员会，此为成都市博物馆前身，馆址设于大慈寺内。

1974年，成都市文化局组建"成都市文物管理处"，办公地点设在文殊院内，恢复了原地志博物馆的文博业务工作。

1984年，成都市博物馆在大慈寺正式对外开放，基本陈列为《成都简史陈列》《成都汉代画像砖（石）陈列》。

1998年，成都市博物馆更名为成都博物馆。

2004年，成都博物馆迁出大慈寺，在琴台大厦过渡办公。

2009年，成都博物馆新馆奠基仪式举行。

2010年，成都博物馆新馆建设工作正式全面启动。

2016年，成都博物馆新馆面向公众试运行；同年9月15日，成都博物馆正式开馆。

2022年，成都博物馆新馆推出了全景导览、文物3D形象、语音导览等多种线上观展模式，14个云展已经上线。

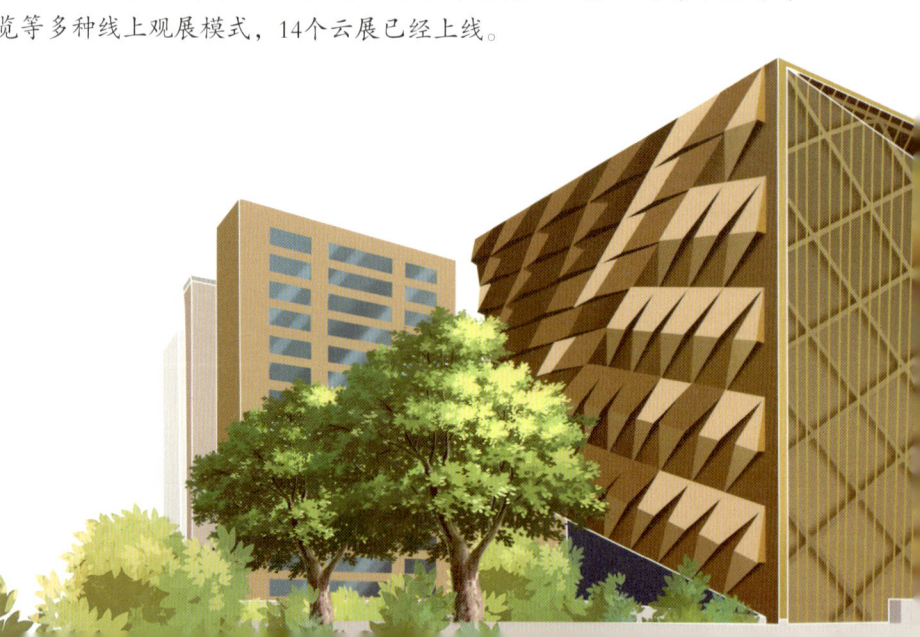

概　况

　　成都博物馆位于成都市中心天府广场西侧，是西南地区规模最大的综合性城市博物馆，国家一级博物馆。博物馆同时挂牌"成都中国皮影博物馆"，是2006年国务院授牌的四川首家国字号博物馆。

　　成都博物馆占地面积约17亩，总建筑面积约6.5万平方米，展陈面积约2万平方米。现有新石器时代至近现代的藏品近30万件（套），以反映成都地区历史文化的考古出土文物、全国及东南亚地区的皮影木偶藏品、近现代书画精品最具特色。基本陈列"花重锦官城——成都历史文化陈列"、专题陈列"影舞万象·偶戏大千——中国皮影木偶展""人与自然——贝林捐赠展"是常年向公众免费开放的常设展览。同时，成都博物馆每年以"成博展览季"的展览品牌，原创、开放临展、特展，展览水平和影响力居全国博物馆先进行列，曾荣登2022年度全国热搜博物馆百强榜单第9名，全国博物馆海外综合影响力前10名，区域综合博物馆海外综合影响力第4名，2023年荣获中博协"最具创新力博物馆"称号；2024至2025年在博物馆头条发布的"中博热搜榜"中位列百强热门博物馆市级馆第二。

　　作为成都的城市文化地标，成都博物馆是记录与展现成都恢宏历史的"百科全书"，也是成都人的精神家园。未来，成都博物馆将紧紧围绕践行新发展理念的公园城市示范区和世界文化名城建设大局，建设全国卓越、具有国际影响力的大都市博物馆。

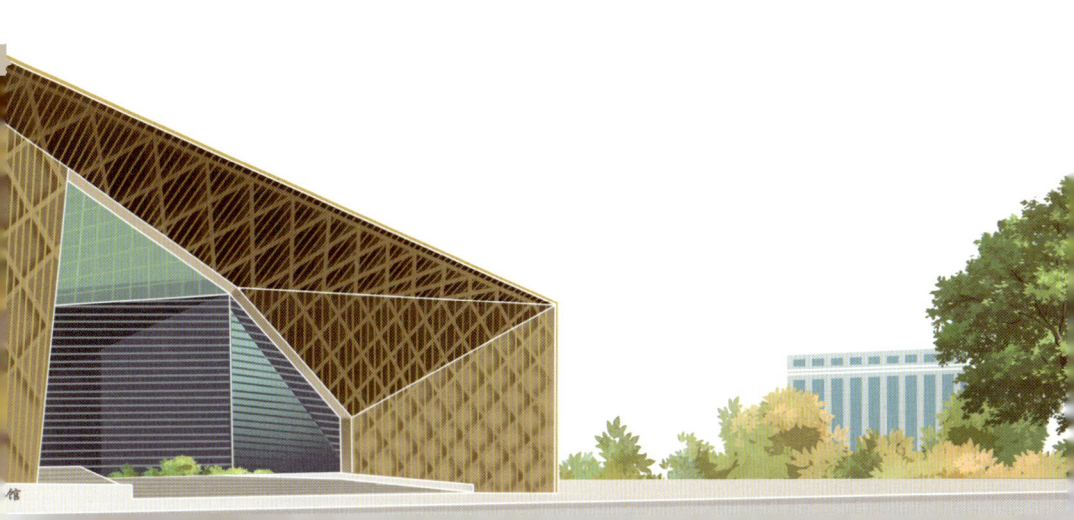

主要藏品及突出特点

成都博物馆以成都地区历年出土文物为主要展品，以成都平原的古代文明进程和成都城市发展脉络与重要节点为线索，展示古代成都的历史与成就。现有藏品近30万件（套），形成了上自新石器时代，下迄民国时期，包括历史文物、皮影木偶、近现代书画精品等较为完整的藏品系列。其中，战国时期的石犀、狩猎纹铜壶、漆豆，两汉时期的天府汉碑、天回医简、陶俳优俑、经穴漆人，唐宋时期的邛窑黄绿釉高足炉、青铜象棋子，明清时期的哥釉瓷执壶等，均为馆藏精品。

花重锦官城——成都历史文化陈列·古代篇

九天开出一成都

展厅内容以先秦时期古蜀文化的发展脉络为主线，集中表现先秦时古蜀文明的瑰丽神奇。

花重锦官城——成都历史文化陈列·古代篇

西蜀称天府

两汉时期，成都城市繁荣，"列备五都"，物产丰饶，世称"天府"，为西南地区政治、经济、文化中心。

花重锦官城
——成都历史文化陈列·古代篇
喧然名都会

成都在隋唐五代宋元时期呈现出西南大都会的繁华兴盛面貌。展览体现了成都隋唐时"扬一益二"的盛况，五代时期"天下之富国"的安定奢靡，宋代坊市林立、货通天下的繁华，元代抗争与重建的坚韧。

花重锦官城
——成都历史文化陈列·古代篇
丹楼生晚辉

明清时期的成都既是四川的省会，又是中央政权在西南地区的支撑点，发挥着首领西南的巨大作用，在多元融汇、兼容开放的文化大格局下迈向近代。

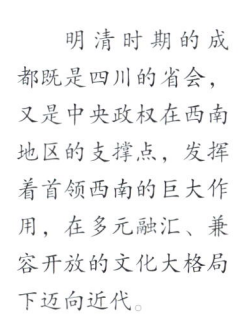

花重锦官城
——成都历史文化陈列·民俗篇

漫长的城市文明发展历程，铸就了成都独特的人文气质与精神风貌，这些特质在岁月中沉淀下来，成为城市文化传承的活态基因。

影舞万象
——中国皮影展

皮影戏是一种具有悠久历史与文化内涵的民间戏剧形式，成都博物馆收藏了中国南北方有代表性的皮影精品，汇聚了古老的光影传奇。

了解成都博物馆 007

花重锦官城
——成都历史文化陈列·古代篇

  成都博物馆常设展"花重锦官城——成都历史文化陈列·古代篇"汇聚成都地区历年出土的文物精品,以成都地区历史和城市发展的脉络与重要节点为线索,展示古代成都的辉煌历史与城市成就。展览总标题及四个部分标题选取古代著名诗人咏成都的诗句,勾勒出成都4500年文明进程的旖旎画卷。

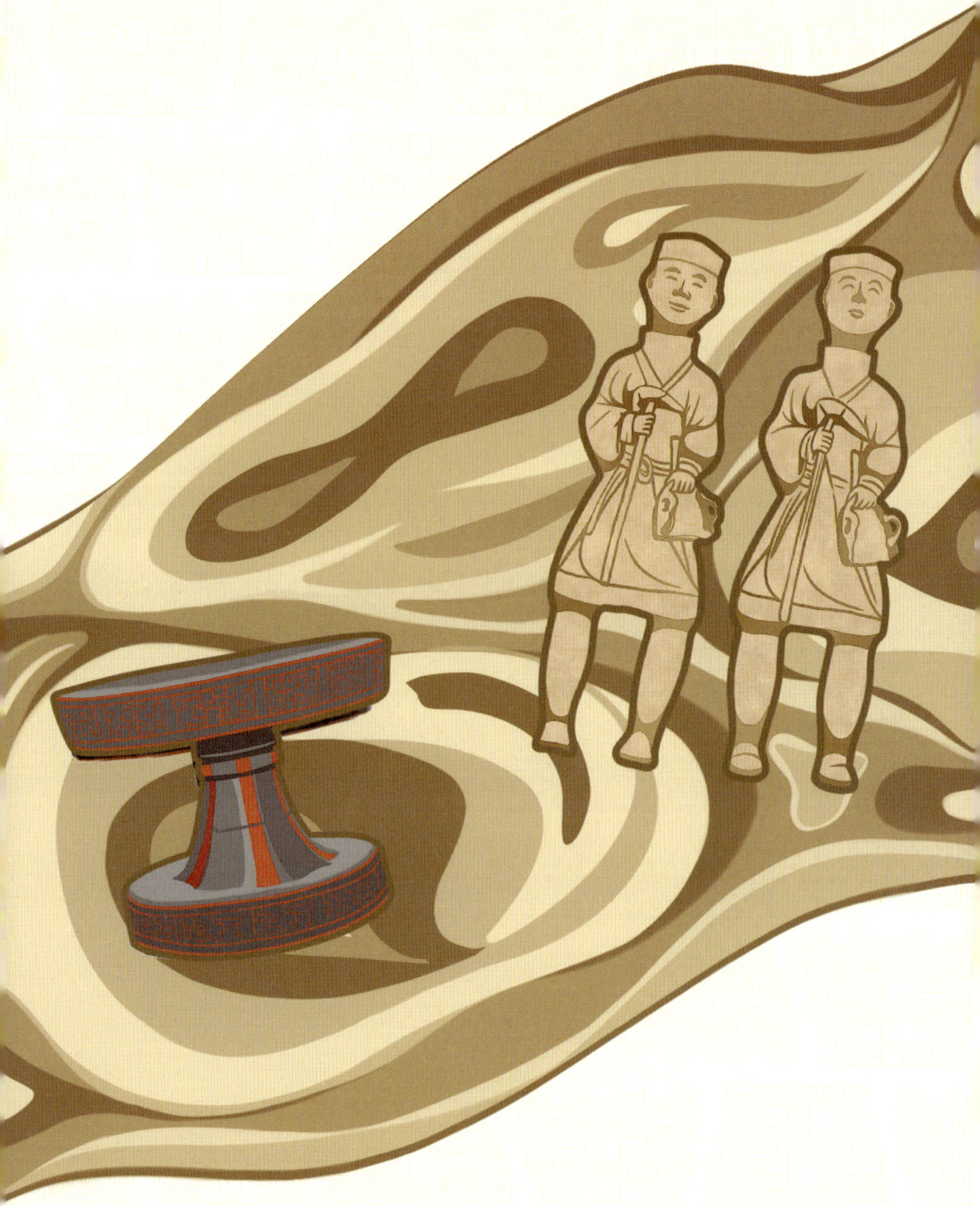

第一篇

九天开出一成都
——先秦时期的成都

九天开出一成都,万户千门入画图。
——(唐)李白《上皇西巡南京歌十首·其二》

  成都博物馆先秦厅是整个通史陈列的第一部分。展示内容以先秦时期古蜀文化的发展脉络为主线,以新石器时代晚期的宝墩文化古城址群、战国时期的商业街船棺葬、巴蜀图语等为内容重点,集中表现先秦时古蜀文明的瑰丽神奇。同时,展厅内合理利用了场景复原、沙盘模型、多媒体等展陈手段,生动形象地向观众介绍了古蜀人生活的方方面面。

  成都平原是长江上游文明起源地,早在旧石器时代这里就有人类居住。新石器时代中晚期,岷江上游、雅砻(lóng)江流域、大渡河流域、嘉陵江流域与峡江地区等地形成了文化面貌多样的史前文化。这些文化呈现出由成都平原周边向平原中心聚合的发展趋势,最终催生了成都平原的新石器文明——宝墩文化。

  先秦时期,四川盆地周环群山,成都平原位于"金盆地"的底部,是传说中的人间乐土,古人谓之"都广之野"。这里自然资源丰富,各方族群聚集,创造了辉煌的古蜀文明。从宝墩到三星堆,再到金沙,古蜀文明前后延续上千年,其开放包容与创新创造的特点对后世影响深远,是成都城市发展的第一次高峰。

第一单元
文明曙光

宝墩文化（距今4500—3700年）是以成都新津宝墩古城、都江堰芒城、崇州双河古城和紫竹古城、郫县古城、温江鱼凫（fú）古城、大邑盐店古城和高山古城等史前城址为代表的一支区域性考古学文化，发现有陶器、石器等遗物。

陶器有夹砂和泥质两种，以灰陶居多，有的施有黑陶衣，纹饰有绳纹、弦纹、附加堆纹、戳印纹、水波纹等，其制作方法以泥条盘筑加慢轮修整为主，典型器类包括宽沿平底尊、敞口圈足尊、喇叭口高领罐、壶、宽沿盆等。石器发现有斧、锛（bēn）、凿、刀、镞（zú）等。

宝墩国家考古遗址公园

粗陶细纹藏巧心

1

2

陶宽沿平底尊

新石器时代晚期
1.口径29.3cm　底径24.4cm　高21.4cm
2.口径25cm　高30cm
四川成都新津宝墩古城出土

　　此两件陶尊均为宽口沿，是宝墩文化的典型器。第一件器身通体饰细线纹，口沿下饰一周横向细线纹，腹部饰多组竖向细线纹，下腹部近底部饰一周横向细线纹，其下又饰多组竖向细线纹。第二件器身通体饰多道粗的凸弦纹。

　　弦纹是一种简单的装饰纹样，由单一或者若干道细长线条组成，平行地环绕于器物的颈、肩、腹等部位，出现于新石器时代，商周时期较为流行。

瓶瓶罐罐留古韵

陶敞口圈足尊

新石器时代晚期
口径23.8cm　底径9.4cm　高21.7cm
四川成都新津宝墩古城出土

　　此尊为夹砂褐陶，口部、颈部、圈足内和腹部内有黑色陶衣，中腹外壁饰指甲纹。

陶绳纹花边口平底罐

新石器时代晚期
口径35cm　高41cm
四川成都郫县古城出土

　　此罐为夹砂红褐陶，口沿、唇面、腹部都饰有不均匀的粗绳纹。
　　绳纹也是一种古老原始的装饰纹样，分为粗、细绳纹两种。古人制作陶器时，在陶拍上缠上草、藤等制成的绳子，在坯体上拍出或平行或交错的多种绳纹。陶拍的作用一是使陶器更加结实耐用，二是使器物外表更美观。

花重锦官城：成都历史文化陈列·古代篇

小知识：营盘山遗址

营盘山遗址位于四川省阿坝州茂县凤仪镇。该遗址是迄今岷江上游地区发现的地方文化类型中遗址面积最大、考古工作规模最大、发现遗存最为丰富的遗址，发现的新石器时代遗存，其年代为距今5300—4800年。该遗址出土有彩陶罐、瓶、盆等生活用具，其彩陶风格与陕甘地区马家窑文化相近，为探索成都平原早期文化源流提供了重要线索。

营盘山全景

宝墩古城游埂子西段剖面图

小知识：宝墩古城

　　成都新津宝墩古城面积约276万平方米，是迄今长江流域城址规模仅次于良渚古城、石家河古城的具有双重城墙的龙山时代城址。

　　宝墩古城的城墙为地面起建，采用斜坡堆筑的方法，在堆土的同时进行拍打、夯实，拍打又分水平拍打和斜面拍打。每层之间抹有极薄的一层草木灰，可能是用于防止泥土粘连分贝。分层中夹杂有鹅卵石等，可以起到加固的作用。修建如此大规模的古城需要耗费巨大的人力和财力，而且在建筑过程中，需要对社会成员进行大规模的组织工作，要有统一的领导机构来协调。由此可知，成都平原在距今4500年前后，已形成权力集中的聚落中心。

有孔无孔皆锋刃

石斧

新石器时代晚期
长7cm　宽3.5cm
四川成都新津宝墩古城出土

　　新石器时代的典型特征是使用磨制石器。此件灰黑色的石斧，即磨制而成，弧刃、偏锋。
　　早期的石斧上没有孔，是直接用手握着使用的，称为手斧，后来发展为装柄使用。

穿孔石锛（bēn）

新石器时代晚期
长6.8cm　宽3cm　孔径0.8cm
四川成都新津宝墩古城出土

　　此石锛白色中带有灰黑色斑点，磨制，斜直刃，器身有两个对称圆形穿孔。
　　斧和锛都是远古先民最重要的生产工具和武器，它们既可以用来狩猎、获取食物，也可以用来砍伐树木、加工木材，制造木器和骨器，还可以用来防御。
　　石锛上的两个圆形穿孔，是将石锛安装在木柄上使用时作穿绳固定之用的。

小知识：史前城址群

　　成都平原史前城址分布密集，相邻城址间的直线距离为20~30千米，除宝墩古城（面积约276万平方米）外，其余城址面积10万~40万平方米不等，均分布于岷江及其支流两岸的台地。

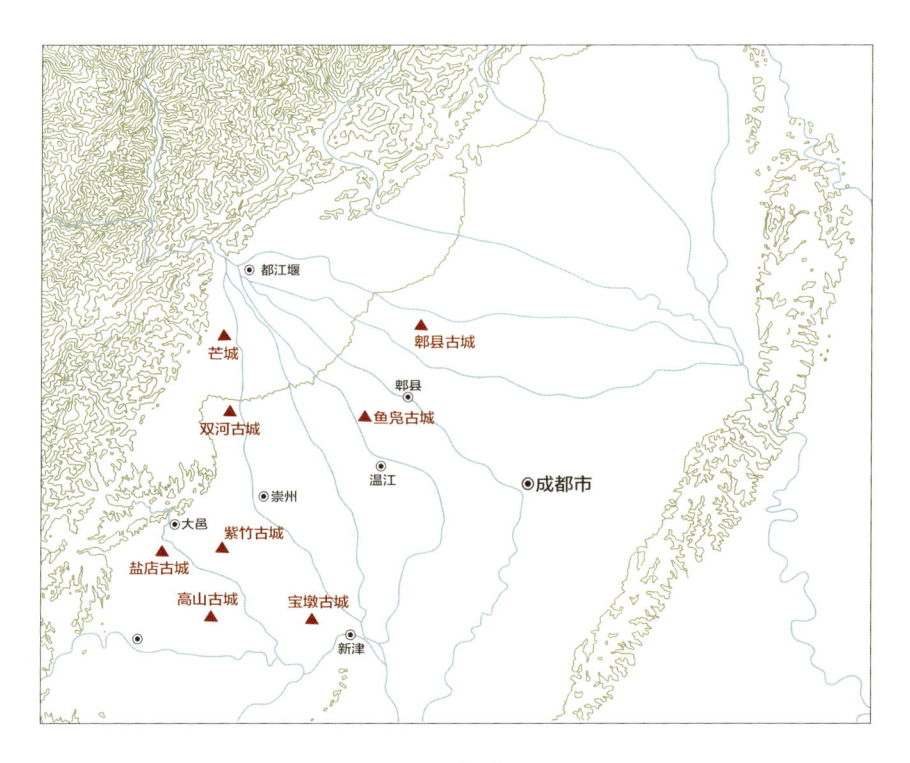

宝墩古城址群分布示意图

小知识：房屋建筑

在宝墩古城等史前城址内发现了多处房屋建筑。按照规模，大致可分为两类：一类，房址的面积较大，200~300平方米不等，有的甚至可达500多平方米，应属礼仪性建筑或上层人物居所；另一类是一些小型房屋基址，面积20~50平方米不等，应属普通居民居所。

展厅内复原的房屋，为"木骨泥墙"结构——墙体是用木柱做骨架，在此基础上编排篱笆，敷上厚厚的草拌泥，再架火将其烤干。还有干栏式的建筑，有防潮的作用。这些大型房屋和小型房屋的差异反映出当时社会可能已经存在一定的社会分层。

郫县古城建筑模型

磨石穿行草木林

端刃石凿

新石器时代晚期

长7cm　宽3cm

四川成都新津宝墩古城出土

　　此石凿为白色，磨制，上端为纵向双面直刃，下端为横向单面直刃，刃口平滑。

石镞（zú）

新石器时代晚期

长6.3cm　宽1.8cm

四川成都新津宝墩古城出土

　　此石镞为青灰色，磨制，三角形尖锋，刃部平滑、圆钝，下部残缺。
　　石镞，即石箭头，是一种常见的狩猎工具，石镞的穿透力和杀伤力远比青铜镞要小。

第二单元
十二桥文化

商周时期，十二桥文化继承并发扬了三星堆文化，形成古蜀文明的另一个发展高峰。

十二桥文化典型遗址包括金沙遗址和十二桥遗址。金沙遗址发现了祭祀区、宫殿区、大型建筑等高规格遗迹，并出土大量铜器、玉石器、金器等遗物，显示出王都气象。十二桥遗址出土的大量陶器、骨器和石器反映了数千年前古蜀先民农作、渔猎、制陶、炊煮等劳动和生活场景。

小知识：三星堆遗址

宝墩文化之后，成都平原形成了以三星堆遗址为代表的三星堆文化，时代约相当于中原地区的夏代晚期至商代晚期。

三星堆遗址位于广汉市，在1986年三星堆出土了两个商代的祭祀坑，坑内出土了大量的青铜器、玉石器、陶器、金器等器物，其中除少数器物为尊、罍（léi）、盘等中原商王朝常见的礼器种类外，其余大部分器物具有强烈的本土特征，尤其是青铜立人像、各类青铜人头像、人面像、青铜神树等器物，反映出这一时期古蜀社会浓重的神权色彩。

双耳遥呼南北风

兽头双耳铜罍

西周
口径38.7cm　底径34.8cm　高66.3cm
四川成都南郊出土

　　罍是古代的一种酒器，也是商周时期一种重要的礼器。
　　此件罍的肩部有两个对称的兽首形环耳，圈足上有四个对称的镂孔，肩部自上而下分别饰云纹和龙纹一周，腹部自上而下分别饰凹弦纹和变形蝉纹，圈足饰云纹一周。
　　在岷江上游的茂县也出土过形制相近的铜罍，学者们认为它们的年代基本在战国时期，成都这件罍可以看出其具有中原或北方风格，反映出蜀地与其他地区有密切的文化交流。

前后接力龙兄弟

铜龙形钮盖

商周

长4.5cm　宽3cm　高5cm

四川成都金沙遗址出土

　　此器盖由上部的龙形钮和下部的方形盖体两部分构成。盖体呈长方形，中空，顶部外平、内圜。盖钮作立体龙形，前身直立，前肢撑地，身体盘曲。

　　此件龙形钮与三星堆遗址一号祭祀坑出土的铜爬龙柱形器相似，均为大角、有须、张口露齿、上半身直立、尾部上卷的形态，反映出十二桥文化与三星堆文化的承继关系。

金沙有璧出领低

有领玉璧

商周
直径12cm　厚0.5cm
四川成都金沙遗址出土

　　此璧为灰白色玉质，有块状褐色和丝状白色沁斑。中间圆孔的边缘鼓起的一圈为"领"，此璧出领较低。

　　璧（璧形器）是古蜀文化中具有鲜明时代和地方特征的一类器物，有铜质和玉质两种，形制大同小异，呈圆环形，中有一圆孔，孔径较大，器表多素面或饰同心圆纹、鸟纹等纹饰。

　　有领璧在成都平原三星堆遗址和金沙遗址常见，是古蜀王国重要的祭祀用器，这类器物在河南、云南、越南、泰国等地也有发现，显示出先秦时期蜀地与这些地区密切的文化交流。

小知识：金沙遗址

　　商末周初，古蜀国的中心由广汉一带向今成都地区转移。继三星堆文化之后，成都平原形成了以成都金沙遗址和十二桥遗址为代表的十二桥文化。

　　金沙遗址发现于2001年，该遗址内已经发现了祭祀区、宫殿区、一般居址区、墓葬区等功能分区，祭祀区内出土了大量的金器、青铜器、玉石器、陶器等器物，其中太阳神鸟金箔被国家文物局确定为中国文化遗产标志，也是成都市城市形象标识的核心图案。

　　三星堆遗址和金沙遗址的一些器物十分相近，反映出三星堆文化和十二桥文化存在一定的前后承继关系。

玉斧

商周
长14cm　宽5cm
四川成都金沙遗址出土

　　此玉斧为黄白色玉质，有褐色沁斑，半透明，器表磨光，中间厚，刃部薄，两端有弧形刃，刃口基本完整。
　　玉斧在新石器时代较为常见，其形状仿石质斧，但玉斧不是生产工具或兵器，更多的是一种权力的象征或礼仪的表达，没有实用功能。

富贵持玉为仪礼

玉矛

商周
长16.5cm　宽4cm
四川成都金沙遗址出土

　　此矛为青灰色玉质，刃部打磨锐利，未制作出骹（qiāo）部，底部光滑，为原始表面。

陶尖底杯

商周
口径10cm　高15cm
四川成都金沙遗址出土

　　此杯为泥质灰白陶，下腹部靠近底部装饰细弦纹。

素陶尖底溯源流

陶尖底盏

商周
口径15cm　高5.5cm
四川成都十二桥遗址出土

　　此盏夹砂灰黑陶，素面。
　　尖底器是十二桥文化的典型器类之一，包括尖底盏、尖底罐、尖底杯等器形。其中，尖底盏在成都平原从商末周初一直流行至战国时期。在三峡地区以及关中地区的商周遗存中也发现有尖底盏、尖底杯、尖底罐等器物，它们为探讨十二桥文化的分布范围和文化源流等问题提供了重要实物资料。

箪食瓢饮在陋室

陶圈足罐

商周
口径12.6cm　底径8cm　高15cm
四川成都金沙遗址出土

　　此罐为夹砂灰黑陶，肩部饰一周较浅的凹弦纹，器形不规整。

陶豆

商周
口径16cm　底径9.5cm　高9cm
四川成都金沙遗址出土

　　此陶豆为夹砂灰黑陶，素面无装饰。
　　豆，古代指盛肉或其他食品的器皿，形状像高脚盘。《孟子·告子上》中《鱼我所欲也》写道："一箪食，一豆羹，得之则生，弗得则死。"

陶喇叭口罐

商周
口径10cm　底径5.5cm　高13.5cm
四川成都十二桥遗址出土

　　此罐为夹砂红褐陶，中腹饰一周凹弦纹，出土时口部残缺，为后期复原性修复。

陶圈足杯

商周
口径10.2cm　圈足径8.1cm　高18.3cm
四川成都金沙遗址出土

　　此杯为泥质灰黑陶，腹部饰一圈弦纹。器型很像我们今天使用的高足酒杯，是金沙遗址典型器物之一。

陶盉（hé）

商周
口径8.5cm　高34.6cm
四川成都金沙遗址出土

白日放歌须纵酒

　　此陶盉是"瘦高个"，短流，夹砂灰陶，鋬（pàn）耳上饰三角形刻划线。
　　陶盉，是一种温酒器，在三星堆遗址、金沙遗址出土数量较多，形制多圆形口、短流，一侧有鋬，三足。其中，中空的三足与器身相通，既可增加容量，也便于生火加温。

花重锦官城：成都历史文化陈列·古代篇

轮转千番制古陶

陶高领平底罐

商周
口径20cm　腹径30cm　高34cm
四川成都金沙遗址出土

　　此罐为夹砂红褐胎灰皮陶，高领，颈部饰一周凹弦纹，器内可见轮制痕迹。

　　轮制是陶器制作的一种古老的方法。轮是木制或石制的水平圆盘，安装在陶车（古称陶钧）上，转动陶车可使陶轮旋转。把泥料放在轮盘上，转动轮盘形成高矮大小不一、胎壁均匀规整的圆状陶器坯体，称为"拉坯成型"。

　　至今，轮制方法是世界各地仍在使用的陶筑成型技术。

中空细柱蚕豆明

1

2

陶高柄灯形器

商周
1.口径10cm　底径11.5cm　高23cm
2.口径10.5cm　底径15.5cm　高37cm
四川成都金沙遗址出土

　　此两件高柄灯形器，都是柱状柄中空，与盘底连通。图1为夹砂灰陶，图2为夹砂灰黄胎黑皮陶。图2黑皮陶灯形器柄部下端与圈足相交处饰两周凹弦纹，圈足近缘处有一道浅凹槽，使圈足外缘形成缓台状。

　　陶高柄灯形器是流行于三星堆文化末期至十二桥文化初期的一类陶器，豆盘作浅盘状或深杯状，柱状柄中空，柄内部有与盘底连通和不连通两种形制。此类陶器在重庆忠县哨棚嘴、万州中坝子等多个遗址中均有出土，显示出三星堆文化和十二桥文化的影响范围已及渝东地区。

骨针

商周
残长4.3cm
四川成都君平街出土

  骨针是人类最早期的缝缀工具。此枚骨针为磨制，尾部残断。
  骨器是古代先民重要的生产和生活用具，出现于旧石器时代，新石器时代大量使用，后因金属器的使用而逐渐消失。

骨锥

商周
残长8cm
四川成都画院下水道工地出土

  此枚骨锥为磨制，横剖面呈圆形。
  骨锥是一种钻孔的工具，用于穿透兽皮等物品。

骨匕

商周
残长7.9cm
四川成都君平街出土

  此把骨匕为磨制，器身具有一定的曲度，勺端为尖头，近柄端残断，有较整齐的断面。关于骨匕的用途有三种说法：一种认为是食具，具有类似勺、匙的功能；一种认为是制陶时的修整工具；一种认为是织布的工具，类似梭子。

磨骨为得衣食丰

第三单元

载魂之舟

　　2000年，在成都市商业街发现了规模宏大的船棺合葬墓群。墓坑内尚存船棺葬具17具，包括船棺9具和匣形棺8具，其中最大的船棺长约18米，是国内迄今发现的规模最大的船棺葬。墓坑上还建有地面建筑，随葬品数量巨大，种类繁多，可能是开明王朝迁都成都之后王族或蜀王的家族墓。

　　以船形棺木为葬具，是这一时期巴蜀地区流行的葬俗，因棺木作船的形状被称为"船棺"。

　　该墓出土漆器数量众多，制作精美，种类包括家具、生活用具、乐器和兵器附件等，均为木胎漆器。纹样以成组的蟠螭（pán chī）纹、回首状龙纹为主，地方色彩鲜明。成都商业街船棺葬出土的漆器是迄今四川地区最早可见完整器形的成组漆器，表明早在战国时期，成都地区的漆器制作工艺已经相当发达。

小知识：开明王朝

　　大约相当于中原地区的春秋战国时期，蜀地进入开明王朝统治时期。

　　传说开明王朝的第一代蜀王为鳖灵。据文献记载，鳖灵为荆楚人土，死后尸体溯江而上，到蜀地后复活，为杜宇所用。因其治水有功，杜宇禅位于鳖灵，鳖灵建立开明王朝。文献记述开明氏传十二世，开明五世时（一说九世）"自梦廓移，乃徙治成都"。

　　以新都马家战国墓、成都商业街船棺葬等为代表的大型墓葬及出土的大量精美漆器、青铜器，佐证了开明氏与荆楚之地的渊源及王朝迁都成都的传说。

　　另外，船棺上还有一些刻划符号，可能是太阳的抽象符号，也可能是一株符号化的太阳栖息的树木。据汉晋时的文献资料，开明王朝以太阳作为王朝和王族名称，所以，刻有这种符号的船棺葬可能与蜀开明氏有密切关系。同时期墓葬中出土的巴蜀式铜兵器、铜印章等，展示了晚期巴蜀文化的特色。

　　公元前316年，秦并巴蜀，蜀地纳入秦国版图，成都城市进入新的发展阶段。

船棺

战国
带盖长约477cm　宽70cm～90cm　高约108cm
四川成都商业街船棺葬出土

　　此船棺位于墓坑的东北部，在棺身的船头表面刻有两个符号。棺内随葬有陶器、漆木器以及一些植物果核。棺内未发现人骨，推测专门用于放置随葬品。

　　成都商业街船棺葬发现的9具船棺有大小之分，棺木结构也存在一定差异。各棺的制作方法相同：先将一根楠木去掉三分之一，剩余的三分之二挖空中心部分，刳（kū）凿而成，形似独木舟，船舱即为棺室。在棺的前端由底部向上斜削，略微上翘，有如船头，在其两侧各凿有一个半圆形的孔，孔身斜穿至棺面上。棺盖也以同样的方法制成，形制与棺身一样，棺盖与棺身上下两部分对扣在一起成为一具完整的船棺。

载魂之舟开明人

漆纹铜理几相近

漆几

战国
长76cm　宽73.8cm　高77.7cm
四川成都商业街船棺葬出土

　　此漆几整体呈"H"形，由面板和两足组成。

　　面板两端各有两个方形透榫（sǔn）与两侧的梯形几足相接。器表髹（xiū）黑漆，中部以朱、赭二色绘回首状龙纹，上下两侧各饰两排单线勾勒的蟠螭（pán chī）纹。两足中部偏上有两个方形穿孔以接面板的两个榫头。足外侧及内侧上部饰纹与面板相同，足外侧下端以朱、赭两色绘回首状龙纹。足的窄侧边朱绘四角星纹。

　　此漆几上所饰的蟠螭纹、回首状龙纹是商业街船棺葬漆器最为典型的纹饰，这两种纹饰是模仿中原青铜器上的纹饰而作。其中，商业街船棺葬漆器所饰蟠螭纹的整体风格与春秋晚期至战国早期青铜器上的蟠螭纹最为接近，龙纹则主要见于春秋晚期至战国早期三晋、燕、中山、楚等地的嵌红铜工艺青铜器，反映出此时蜀文化受到中原文化的影响。

蟠龙回首巧缠结

漆案

战国
高39.1cm
四川成都商业街船棺葬出土

　　面板和两足以榫卯接合而成。案面四周起沿呈斜坡状，案底四周有沿，两侧宽沿处各凿五个方孔，与下部的五个扁方形足相接，五个方足再插入梯形足座中。此案为木胎，器表髹黑漆。案上沿分别以赭色和浅赭色绘制回首状龙纹，沿内外侧分别绘蟠螭纹，方足外侧朱绘宽带纹，足座外侧绘三层蟠螭纹。

漆案蟠螭纹示意图

以酒为戒告国人

漆禁

战国
高40.1cm
四川成都商业街船棺葬出土

  此漆禁为木胎，由面板、底座和中间的连接部分三部分组成。圆形面板中部有圆形浅槽，其周边有六个对称的圆形凹槽，案面板底部起沿。案面板中部圆形浅槽处用朱色线条绘对称的蟠螭（pán chī）纹，周边及外侧饰同样的纹饰，局部用赭色填涂，六个圆形凹槽内均涂朱。圆形底座中空，上面平面为多边形，中间有一长方形卯眼以承接中间连接部分的榫（sǔn）头。漆禁的中间连接部分和底座也饰蟠螭纹。

  禁，是先秦时期用于承放壶等酒器生活用具。之所以被称为"禁"，是因为周人鉴于夏商末君嗜酒亡国的教训，发布了中国最早的禁酒令，规定国人只在祭祀时方能饮酒，因而"酒禁"之名实则告诫国人要"以酒为戒"。禁、壶与勺三者组合，又可在祭祀活动中充当成套礼器。

黑漆用尽髹朱色

漆豆

战国

盘口径41.5cm　足径37.5cm　高23.8cm

四川成都商业街船棺葬出土

　　此漆豆为木胎，器表髹（xiū）黑漆。盘面大部分涂朱，用线面结合的方法绘制复杂的纹样，盘外壁纹饰似蝉纹。圈足上则以朱、赭两色单线勾填蟠螭纹。

漆簋（guǐ）

战国

口径约41cm

足径约27cm　高约36.7cm

四川成都商业街船棺葬出土

　　此器木胎，器身内置一圆木板作底，器身和器底分开制作。器内外壁均髹黑漆，外壁底漆上再绘纹饰。口部及圈足部分分别绘一周蟠螭纹，以朱色勾勒线条再填充赭色，腹部纹饰似蝉纹。器底下面有一刻划符号。

花重锦官城：成都历史文化陈列·古代篇

虎头双耳龙回首

漆盒

战国

口径30cm　高12.4cm

四川成都商业街船棺葬出土

　　此漆盒为木胎，盒盖和盒身器形完全相同。口呈圆形，器内各有五格，内底略弧，外底近平，两侧各有一对称的虎头双耳，上下作子母口扣合。器表髹（xiū）黑漆，底漆上朱绘三圈纹饰，盒盖上两圈纹饰均为蟠螭（pán chī）纹，盒身上两圈纹饰为蟠螭纹和回首状龙纹，口沿上的纹饰为竖线纹。

宴飨宾客盛稻粱

铜簠（fǔ）

战国

长29.4cm　宽22.5cm　高18cm

四川成都文庙西街战国墓出土

　　此器的器身和器盖等大、同形。盖与身交接处为直壁，平底（顶），下附四只对称的蹼形足。器盖口部有方形衔扣。器身饰勾连云纹状的变形蟠虺（pán huǐ）纹。

　　铜簠是楚文化的典型器物之一，与簋（guǐ）的功能相同，为盛稻粱的器具，是祭祀和宴飨宾客的重要礼器。此件铜簠形制具有楚地春秋晚期的铜器风格。

> **小知识：楚文化、中原文化与巴蜀文化的关系**
>
> 　　春秋中晚期巴蜀文化中已存在不少楚文化因素。以成都平原为例，战国早中期墓葬中出土具有春秋中晚期风格的楚式铜器的现象较为普遍。
>
> 　　战国中期是成都平原楚文化因素最丰富的时期，成都平原战国墓葬出土的铜鼎、敦（duì）、壶、盘、匜（yí）、缶等楚式容器，实证了古蜀开明王朝与荆楚之地文化的渊源，反映出蜀楚关系是东周时期蜀地最重要的对外关系之一，可与古籍文献中记载相印证。同时，墓葬中出土的狩猎纹铜壶等具有中原风格的器物，反映出蜀地与中原地区广泛而密切的文化交流。

楚系大器腹中酿

铜缶

战国
口径20cm　底径17cm　高47cm
四川成都青羊小区出土

　　此铜缶为直口，口外侧有一周凸箍，肩部平均分布有四个环耳。器盖上承四个环钮。腹部环耳之间及盖顶中央饰涡纹。此器为尊缶，是楚系酒器中较有特色的一类。

狩猎纹铜壶

战国
腹径26cm
通高41.4cm
四川成都青羊小区出土

此壶从颈部至圈足，由7段不同的图案和纹饰组成。主题图案有羽人仙鹤图、狩猎图、三足鸟向日图等，在三组图案之间，分别由蟠螭（pán chī）纹、云雷纹等纹饰间隔。盖面三等分，由与壶身相同的狩猎图环形分布组成。

此铜壶出土于一座船棺中，同出的器物有铜容器、兵器和工具等。其器形和纹饰与成都百花潭中学出土的水陆攻战纹铜壶造型相近，但百花潭中学铜壶的纹饰采用的是镶嵌红铜工艺，青羊小区出土的这件铜壶纹饰则系铸造而成。这两件铜壶具有较为明显的中原风格，与之类似的器物在河南、陕西等地的战国墓葬中有发现。

中原巴蜀习相通

狩猎纹铜壶线图

花重锦官城：成都历史文化陈列·古代篇

分铸形神熔一体

铜壶

战国
口径14.7cm　底径14.5cm　高34.5cm
四川成都文庙西街战国墓出土

　　此壶口内侧有一周凸棱，底微圜，近平。颈部两侧有对称双兽形铺首衔环，颈部饰单体龙纹，腹部由3条横带和6条纵带分为12个纹饰空间，每个纹饰空间内饰单体龙纹，龙纹的眼睛处镶嵌有绿松石。壶腹部的宽带纹上饰有花瓣纹、菱形纹并攀附有小型爬兽，颈部的铺首、腹部的爬兽与器身分铸再连接为一体。

> **小知识：蜀王大墓**
> 　　新都马家战国木椁墓是迄今成都平原发现的规模最大的古蜀墓葬，墓中出土的青铜器既有典型巴蜀式兵器、印章等，又有楚文化风格的铜鼎、铜缶、铜敦（duì）等，是蜀文化与楚文化兼具的高等级墓葬。

第四单元
蜀国利兵

春秋战国时期，蜀与周边战事频仍。据文献记载，开明氏曾攻至秦都城雍(今陕西凤翔一带)，又与秦争南郑，东伐楚至兹方(今湖北松滋)。成都地区发现的晚期巴蜀文化遗存中常见有铜矛、柳叶形剑、钺（yuè）、戈等兵器以及錞（chún）于、钲（zhēng）等军乐器，是这一时期蜀国"尚武"史实的反映。

虎惊云雷急收兵

虎钮铜錞（chún）于

战国
口径37cm　底径28cm　高62cm
四川眉山彭山县古佛村征集

　　此錞于呈椭圆形，虎形钮，钮上饰云雷纹。
　　錞于为古代的一种军中打击乐器，常与鼓配合，用于战争中指挥进退。錞于顶部为虎钮，使用时将一根绳子从老虎肚子下方穿过，把它悬挂起来，用木槌敲击其腹部发出声响，号令兵士行动。
　　虎钮錞于是巴人的代表性青铜器。巴人崇虎，把虎当成民族的图腾，当成至高无上的神灵。

巴蜀吉金军中行

铜钲（zhēng）

战国
口径12cm　高36cm
四川眉山彭山县古佛村征集

此钲身形椭圆，一面饰巴蜀符号，钲柄为棱形。

钲，是古代的一种乐器，形似钟而狭长，有长柄可执，口向上以物击之而鸣，在行军时敲打。

铜钺（yuè）

战国
长16cm　宽7.8cm
四川成都青羊小区出土

铜钺是巴蜀式兵器的代表之一，也有学者认为其为工具。

钺身整体作长方形，上下等宽或上宽下窄，腰部或竖直或微内束或折腰，平肩，圆弧刃，刃两侧起尖或圆弧，銎（qióng）孔多为椭圆形，骹（qiāo）部有棱。多无纹饰。在成都平原流行于春秋中晚期至战国时期。

多是横戈马上行

1

2

三角援铜戈示意图（上刃、中脊、锋、穿、内、援、下刃）

三角援铜戈

战国

1.长25.4cm　宽14.1cm

2.长26.8cm　宽14cm

四川成都青羊小区出土

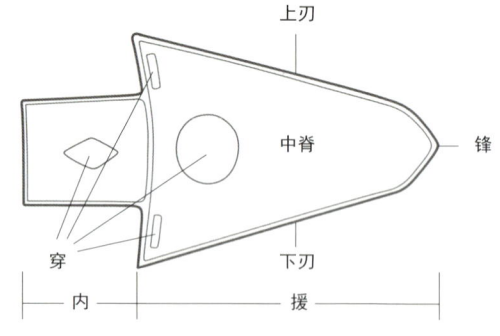

　　三角援铜戈是典型的巴蜀式兵器之一，在成都平原流行于西周中期至战国时期。而在商代中晚期至西周早中期，中原、关中和汉中地区的遗存中也发现有形制相近的三角援铜戈。

　　成都平原发现的此类铜戈，器形相近，弧状三角形援，援本略弧，有的援部饰虎斑纹，援后部有圆形或椭圆形穿；长条状阑，近阑处有两个长方形穿，中脊突出；长方形内（nà），内中部有菱形穿或滴水穿，有的在内部近阑部有平行短线纹。

横戈百战护家园

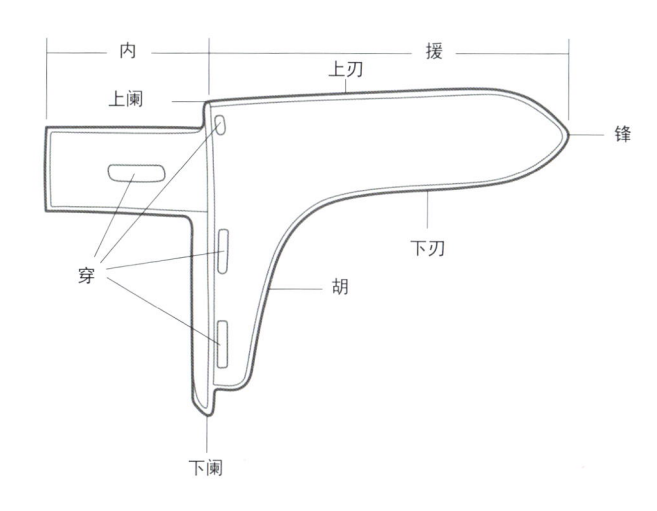

有胡铜戈示意图

有胡铜戈

战国

长20.2cm　宽12cm

四川成都营门口公社前进九队出土

　　成都平原发现的有胡铜戈，援部窄长或略宽，中脊突出，有的在援后部有穿；中长胡三穿，下阑后端平直；长方形内，内部有长方形穿、菱形穿或滴水穿等。

直内（nà）铜戈

战国
1. 长23.7cm　宽14.5cm
成都青羊小区出土
2. 长22cm　宽11.6cm
四川成都营门口公社前进九队出土

　　成都平原发现一类直内铜戈，长援有脊，短胡，与内呈十字形，近阑处有穿；长方形内，内中部有菱形、长条形等形状的穿，有的在内部近阑处有平行短线纹。

干戈寥落四周星

1

2

柳叶形铜剑

战国

1. 长29.2cm　宽3.4cm
征集
2. 长31.2cm　宽2.8cm
四川成都永丰公社出土
3. 长32.5cm　宽2.7cm
征集
4. 长34.4cm　宽2.9cm
四川成都青羊小区出土
5. 长40.2cm　宽3.6cm
四川成都西一环路三段五石村出土

蜀式长剑叶尖锋

　　柳叶形铜剑是巴蜀文化中最具代表性的器物之一。剑身作柳叶形，中部起脊，扁茎无格，剑身与茎无明显分界，茎上多有穿。成都平原柳叶形剑的出现至少可追溯至战国时期，剑身近茎部常饰有手心纹等"巴蜀图语"。关中平原、汉中平原商周遗存中也发现有此类器物，反映出三地的文化联系。

楚蜀利剑各不同

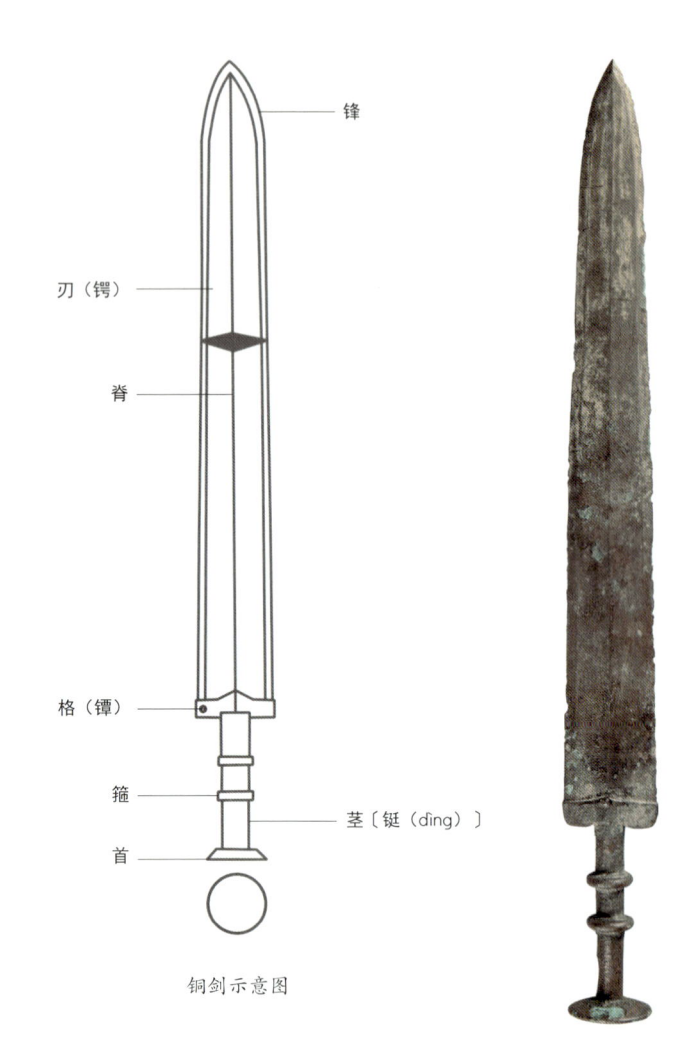

锋
刃（锷）
脊
格（镡）
箍
茎〔铤（dìng）〕
首

铜剑示意图

楚式铜剑

战国
长41.7cm　宽4.2cm
四川成都青龙场出土

　　此剑剑身较长，前锋收束，中脊突出，刃部锋利，宽格。剑柄为圆首，圆茎上下等粗，实心，中有两条平行凸箍。
　　此剑与成都平原典型的扁茎、无格的柳叶形剑差别明显，而与河南、山西、湖北等地出土的春秋晚期至战国时期的圆茎、有格剑相似。

第五单元
巴蜀图语

　　四川、重庆等地出土的晚期巴蜀文化青铜器上常有虎纹、蝉纹、蚕纹、手心纹、鸟纹、蛇纹、鱼纹、龙纹、龟纹、人形纹、花蒂纹等图像符号，统称为"巴蜀图语"。它们常见于铜矛、铜戈等铜兵器，铜斤、铜凿等铜工具，铜敦（duì）、铜缶等铜容器和铜印章上，或单个出现，或几种符号成组出现。

　　目前发现的"巴蜀图语"200余个，造型有人形、动物形、植物形、器物形、建筑形、几何形等。"巴蜀图语"的性质至今未有定论，有学者推测为族徽、图腾或宗教符号，也有学者认为是尚未识读的文字。

援后部纹样

虎纹铜戈
战国
长20cm　宽8.1cm
四川成都青羊小区出土

　　此铜戈援后部饰虎纹，内（nà）部近阑部有两组平行短线纹。

巴人尚虎戈留痕

蜀之立国兴桑蚕

甲骨文"蜀"

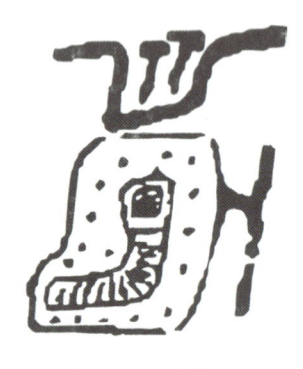

内（nà）部蚕纹图像（示意）

蚕纹铜戈

战国

长25.2cm　宽6.3cm

四川成都交通巷印刷厂工地出土

　　此铜戈援部两面均饰以兽面纹，内部两面均饰有蚕形图像，实证了先秦时期蜀人种桑养蚕、从事纺织的悠久历史。

　　"蜀"在甲骨文中呈虫、蛇之形，《说文解字》中释"蜀"为"葵中蚕也"，《尔雅·释文》和《玉篇》则说"蜀，桑中虫也"。传说黄帝元妃、养蚕缫丝的创始人——嫘（léi）祖来自蜀地。《蜀王本纪》说："蜀之先，名蚕丛，教民蚕桑。"这些文献记载和传说反映出蜀之立国、得名与蚕桑业的发展关系密切。

铜带鞘双剑

战国
长26.7cm
四川成都金牛区出土

此剑的鞘为袋形，并联一体，中以凹槽分为左右剑室。剑鞘正面饰类似蟠螭（pán chī）纹的纹饰，背面素面。双剑中，一把剑身素面，另一把剑身中脊下端铸有方形同心圈。

带鞘双剑世罕见

短兵作战远方传

正面纹样　　背面纹样

柳叶形铜剑

战国
长33.9cm　宽3.4cm
四川成都光荣小区出土

　　此剑剑身饰虎斑纹，近茎部饰有蛇纹、心纹、龙纹等"巴蜀图语"。

　　近年来，在贵州赫章可乐、云南昭通等地也发现类似带"巴蜀图语"的柳叶形剑。这种类型的铜剑使用时用木片夹茎，以小木钉于穿孔中钉合，再于外面用细绳包裹加固。长柄剑可手握刺击，必要时也可以脱手遥掷。

　　关于柳叶形剑的起源，学术界有起源于中原地区、关中西部地区和成都平原等不同观点。

手心纹虎纹铜矛

战国

长17.1cm　宽3.1cm

四川成都圣灯公社圣灯十队出土

　　此矛的骹（qiāo）部一面饰有虎纹、手心纹和云雷纹，另一面饰有蝉纹、云雷纹等纹饰。

　　矛，用于冲刺的兵器。矛体分锋刃和骹两部分。

手握铜矛掌心印

骹部正面纹样　　骹部背面纹样

花重锦官城：成都历史文化陈列·古代篇

鳖灵千勺不醉饮

铜勺正面

铜勺侧面

巴蜀图语铜勺

战国
直径8.4cm 把长7.3cm
四川成都三洞桥出土

据《周礼·考工记》和《仪礼·士冠礼》等文献记载，勺的作用与尊斗相同，是从盛酒器中挹（yì）酒之器。

此铜勺，勺首内饰有鱼、鸟、龟等图案，有学者认为这些图案与传说中的鱼凫（fú）、杜宇、开明（鳖灵）等古蜀先王有关。

巴蜀图语有专属

巴蜀图语铜印章

战国
直径2.5cm
四川成都中和镇战国墓出土

　　桥形钮。印文为一组巴蜀图语。

巴蜀图语铜印章

战国
底径1cm　高1cm
四川成都大邑县船棺葬出土

　　桥形钮。印文为一组巴蜀图语，左为王形，右为心形。

第六单元
秦人入蜀

　　公元前316年，秦国张仪、司马错攻蜀，蜀地归属秦国。设蜀郡，以成都为郡治。之后，张仪与郡守张若筑成都、郫、临邛三城，成都城"与咸阳同制"。成都平原发现的战国中晚期秦人墓葬是这一时期秦人入蜀的佐证，广元等地出土的蒜头壶则是关中秦墓的代表性器物。

　　公元前256年，蜀郡太守李冰修筑都江堰，建立了成都平原完善的水利灌溉体系，使成都平原"水旱从人，不知饥馑""盛有养生之饶"，为"天府之国"的形成打下了基础。《华阳国志》等文献记载李冰"作石犀五头，以厌水精"，成都天府广场东北侧出土的石犀可能是与李冰治水有关的遗存。

　　公元前221年，秦朝建立，蜀地沿用郡县制。秦始皇将六国王族、富商大贾、豪强地主、工商业者大批迁往巴蜀，促进了巴蜀地区的建设。

秦风入蜀壶为证

铜蒜头壶

战国晚期—西汉
腹径18cm　高28cm
四川广元昭化城关一村出土

作为秦文化代表器物之一的蒜头壶，随着战国末期秦的统一战争传播到各地。其在四川地区战国晚期至秦代墓葬中也有发现，是秦人入蜀的重要实物资料。

秦币一出定千秋

半两钱

战国晚期—秦代
直径3cm
四川成都大邑县出土

半两钱，即"秦半两"，是秦统一后发行的货币。半两钱无郭，"郭"与"廓"同义，"轮廓"亦作"轮郭"。钱文"半两"凸出于表面并磨光。"半两"二字为小篆文字，是由秦国著名的政治家李斯所题写，它表示每枚重为当时的半两（即12铢），故称"半两钱"。

战国时代，各国钱币形状不一，只能在各自的统治范围内流通。秦始皇统一六国后，统一货币，在战国秦半两钱的基础上加以改进，圆形方孔的秦半两在全国通行，成为全国通行的法定货币，结束了我国古代货币形状、重量不一的杂乱状态。

小知识：金牛道

　　金牛道，又名石牛道，其名字源于一段充满传奇色彩的历史典故——"石牛粪金，五丁开道"。相传战国时期，秦国欲伐蜀，然蜀道艰险，难以通行。秦惠王心生一计，命人打造五头石牛，置于蜀道边界，并在石牛尾部放置黄金，扬言石牛能屙（ē）金。蜀王听闻，贪念顿起，遂派遣国内五丁力士前去开凿山路，搬运石牛。五丁力士历经艰辛，终于开辟出一条通道，秦军便借此道长驱直入，一举灭蜀，这条通道也因此得名金牛道。

　　金牛道自古以来便是中原地区通往西南的关键要道，其地理位置十分险要，穿越了秦巴山脉，连接了关中平原与四川盆地，承载着重要的政治、经济和文化交流使命。同时，它还是历代兵家必争之地，控制金牛道，便掌握了西南地区的军事主动权。

金牛道朝天峡段古栈道

石犀五头厌水精

石犀

战国晚期—汉代

长3.31m　宽1.38m　高1.93m　重约8.5t

四川成都天府广场东北侧出土

　　此石犀为红砂石质，体量巨大，整体雕刻风格粗犷古朴。形状似犀，作站立状，五官特征刻画较清晰，躯干丰满壮实，四肢粗短，下颌及前肢躯干部雕刻卷云纹，左侧臀部刻有文字（符号），未辨识。

　　根据其所处的地层推测石犀的埋葬年代为汉末晋初，但其制作年代要远早于埋葬年代。据发掘者考证，石犀本身的雕刻风格与四川地区发现的东汉时期石兽风格迥异，其表面雕刻的云纹卷曲程度不大，简洁明快，与战国晚期至西汉前期遗物上的纹饰相近，可知其制作年代约在战国晚期或略晚。

　　汉代扬雄《蜀王本纪》记载："江水为害，蜀守李冰作石犀五枚，二枚在府中，一枚在市桥下，二枚在水中，以厌（压）水精；因曰犀牛里。"东晋常璩（qú）的《华阳国志·蜀志》中也有相同记载："秦孝文王以李冰为蜀守……作石犀五头，以厌水精。"此石犀可能与李冰治水有关，具有极高的考古研究和艺术价值。

第二篇

西蜀称天府
——两汉魏晋南北朝时期的成都

西蜀称天府,由来擅沃饶。
——(南北朝—隋) 卢思道《蜀国弦》

秦并巴蜀之后,设蜀郡,成都为蜀郡郡治。

随着都江堰水利体系的不断完善,成都平原的精耕农业得到长足发展,城市相应进步,蜀郡生产的蜀锦、漆器、铁器等畅销海内外,医学、文学、教育等成就斐然,对后世影响深远。

两汉时期,成都延续秦大城、少城格局,城市得以扩展;兴水利、重农桑,"沃野千里,号为陆海";设盐官、铁官、工官,手工业产品畅销各地;创立郡学,设益州刺史部,巩固了汉王朝对西南的统治。城市繁荣,"列备五都",物产丰饶,世称"天府"。成都成为西南地区政治、经济、文化中心。

公元221年,刘备在成都称帝,史称"蜀汉"。成都平原农业持续发展,织锦业成为支柱产业,蜀汉国力逐渐兴盛,与魏、吴形成鼎立之势,"三分天下"格局形成。

两晋时期,从四川东北迁往北方定居的賨(cóng)人返蜀,于成都建立成汉政权,立国长达40余年。频繁的战乱导致关中连接西域的道路一度中断,而以成都为起点,经陇西通往西域的商贸之路逐渐兴盛,被称为丝绸之路"河南道"。蜀锦作为"河南道"上的重要商品运往世界各地,佛教也借由丝路传入中国腹地,成都作为连接长江中下游与南北丝绸之路的枢纽,在亚欧经济与文化交流中占有重要地位。

第一单元
沃野千里兴农桑

得益于都江堰渠系所提供的稳定而充沛的灌溉水源，汉代成都改变了先秦时水旱轮作的粗放式农业生产模式，精耕细作的农业得到了长足发展，都江堰的自流灌溉体系与陂（bēi）池种植、养殖并行的立体农业滋养出了富庶的"天府之国"，成都平原成为全国首屈一指的稻作农业区。成都地区出土的画像砖、画像石、陂池水田模型以及各类人物、动物陶俑生动地描绘了成都平原沃野千里的繁荣景象。

小知识：都江堰

秦以成都为蜀郡郡治。公元前256年，蜀郡郡守李冰修都江堰，"壅江作堋（péng）、穿郫江、捡江""旱则引水浸润，雨则杜塞水门"，建立了成都平原完善的水利灌溉体系。

都江堰渠首位于今都江堰市北部，是岷江干流由峡谷进入成都平原的起点。鱼嘴、飞沙堰、宝瓶口作为都江堰渠首三大工程，彼此配合，相辅相成，发挥了分流、排沙、滞洪、引灌的作用，既保证了平原的用水，又不至于形成水灾。

沃野千里繁荣景

庄园生活画像石拓片

庄园生活画像石

东汉
高300cm　长277cm　厚15cm
四川成都曾家包汉墓出土

　　此生活画像石分三层。上层为山间狩猎场面，一人正弯弓射鹿。中层中央立兵器架，架上置叉、戟、矛、刀、弓箭、盾牌等兵器；其两侧各有一名织妇操作织机，左侧织妇上方有马、猴、立柱、食槽及双辕车等。画面下层为酿酒图，图中有汲水、运粮、烧煮、装坛发酵的完整酿酒过程，周围散养着猪、狗、鸡、鹅等家畜家禽。

　　此座庄园生活画像石的画面真实再现了东汉时期成都平原的千里沃野，豪强大族庄园内畜牧业、酿造业、织造业等行业并行发展的繁荣景象。

六畜兴旺五谷丰

陶狗

东汉
高72cm　宽25cm
四川成都六一一所汉墓出土

　　陶狗为泥质灰陶。狗头、身体分制套接而成。狗目视前方，尖耳竖起向前，前肢直立，后肢半屈，似蹲非蹲，似乎发现了前方异状，专注而警惕。狗嘴唇下耷，头顶及两侧布满褶纹，其颈部及胸部拴有"工"字形系带，肩宽胸阔，四肢肥壮，极为威武。
　　这一时期出土的文物中有大量的马、羊、牛、狗、猪、鹅、鸡、鸭等家养动物形象，反映了汉代成都饲养业的发达。

挽弓飞射惊群鸟

莲池渔猎画像砖拓片

莲池渔猎画像砖

东汉

长45.8cm　宽24.4cm　厚6cm

四川绵竹新市镇出土

　　此画像砖砖面分为左右两部分。右图为射猎：一人站于树下，向树端张弓射箭，树上栖息数鸟，已有鸟中箭坠落。树枝中间，一只猴子正在攀附跳跃。左图为莲池收获：下方船上乘有三人，船尾之人操舟，中间一人挽弓射猎，船首之人执叉刺鱼。这件画像砖左侧上方船上，一人船尾撑船，船首则立一水獭，古人驯养水獭捕鱼，多有文献记载，此图更是成为印证文献记载的重要实物。

张弓搭箭禾飘香

弋（yì）射收获画像砖

东汉
长48.2cm　宽39.8cm　厚7cm
四川成都曾家包汉墓出土

弋射收获画像砖拓片

　　砖面分为上下两部分。上部分为弋射图：右为莲池，莲花含苞待放，莲叶浮于水面；水面有群鸭游动，水下有大鱼数尾，空中群雁激飞；左边树荫下隐蔽着两人，张弓搭箭，正欲射向空中飞雁。下部分为收获图：在稻田里，中间三人正弯腰收割禾穗，右端两人双手持钹（bó）镰删刈（yì）禾秆，身后留下一片收割后干净的土地。最左边一人好像送完了饭，正手提食具，担着禾秆。

花重锦官城：成都历史文化陈列·古代篇　067

亦农亦兵角色忙

陶持锄执箕俑

东汉
1.高102cm　宽40cm
2.高105cm　宽40cm
四川成都六一一所汉墓出土

　　两件执箕俑为泥质灰陶。俑头、身分制套接而成。俑头戴平巾帻（zé），身着右衽短褐，腰间束带，带上挂削刀，脚上穿草鞋，右手握锄，左手提箕，腰间左侧佩戴一把环首长刀。

　　据《华阳国志·蜀志》记载："郪（qī）县大姓王、李氏。又有高、马家，世掌部曲。"这种亦农亦兵的人物形象，正是东汉时期成都地区豪强大姓庄园之中的部曲。这些部曲农闲时进行军事训练，农时耕种田庄上地，是当时重要的地方武装力量，也是农业生产的直接参与人员。

庖厨案上伏六畜

陶庖厨俑

东汉
俑高68cm　宽41cm
案高18cm　长31cm　宽20cm
四川成都六一一所汉墓出土

　　此俑为泥质灰陶。俑头、身分制套接而成。陶俑头戴介帻，身着右衽袍服，跽（jì）坐于俎案前。俎案上列有猪、狗、鱼，其下有一圆盆，两条带爪的动物腿堆在圆盆中，显示盆内装满了各种肉类。陶俑右手似持物，左手虚按，上身微微前倾，似乎正准备处理眼前的肉品。

天府之国美食香

陶庖厨俑

东汉
高80cm　宽28cm
四川成都六一一所汉墓出土

　　此俑为泥质灰陶。俑头、身分制套接而成。俑头梳扇形双发髻，髻上簪花，额上束巾，身穿荷叶襦裙，左手提鸡、鱼，右手捧着一枚三角状用叶包裹的食物，有人认为是东汉时期粽子的形态。俑身残留涂朱痕迹，应为彩绘陶俑。

　　庖厨俑是四川地区汉代陶俑的重要类型，常用真实的生活细节、生动的表情刻画表现人们对富足生活的喜悦，是汉代"天府之国"富足安定的真实写照。

陶水塘

东汉
长65cm 宽45cm 高9cm
四川成都六一一所汉墓出土

　　此水塘为泥质灰陶。宽平沿，斜浅腹，平底。一道堤坝将模型一分为二，左为鱼塘，右为莲池。堤坝中间有水闸，一条水渠通过水闸将池水引出。两方鱼塘内各有大鱼一条，暗示着渔业的丰收；水渠内田螺附于渠底，一条大鱼正溯游而上，试图通过水闸进入莲池。莲池内，一只小舟在莲叶的掩映下停靠岸边，数枚田螺附着于池塘底部。

　　成都地区发现了大量带水闸口的陶水塘模型，多带有堤坝沟渠的形态，沟渠末端安有水闸控制水量。这种堤坝提高了人们对陂（bēi）塘及农业用水的管理能力，体现了水产养殖业的高度发展。

树绕村庄水满塘

高跷房屋粮满仓

陶仓

三国
高72.5cm　底长46cm
四川成都双流黄佛乡出土

　　此陶仓为干栏式建筑模型，分制组合而成。下部以四根立柱架空，上铺木梁、垫板，再构筑房屋及围栏。上部房屋门外有两檐柱及围栏，檐柱顶部有一斗三升，斗拱上承额枋（fāng）。屋顶为悬山顶，屋脊平直，两端微翘。粮仓底部有陶碓（duì）两座。这种干栏式粮仓建筑能够有效隔离地面湿气、虫蚁以及洪水对储粮的损害，在汉代西南地区被广泛使用。

第二单元
汉城风貌

秦并巴蜀后，依咸阳制建成都城，先筑大城为郡治所在，又在大城西侧筑少城，作为城市主要的工商业区。李冰建都江堰后，穿二江，使郫、捡两江在成都城南自西向东并行，造就成都"二江珥（ěr）其前"的城市格局。"二江"上修建七星桥，手工业区及商业区位于二江之间。汉承秦制，武帝时扩建成都城，"立成都十八郭"，城市规模有所扩大。

据扬雄《蜀都赋》记载，成都城内有400余闾（lǘ）里，这在当时全国的大城市中也属罕见。西汉中晚期以后，成都位列"五都"，城内道路宽阔，交通发达，建筑华美，百戏盛行，是当时著名的大型工商业城市。成都地区出土的汉代陶楼、市肆画像砖、庭院画像砖、车马出行画像砖等记录了当时成都城的风貌，而歌舞杂技题材的画像砖、吹笛俑、舞蹈俑、俳优俑等则成为城市生活细节最生动的描述。

> **小知识：既丽且崇号成都**
>
> 东汉末年，战争频仍，成都却成了乱世中的乐土。
>
> 当时的成都，城市建筑巍峨，金碧交相辉映；城内万户相连，百姓生活富足；街道车水马龙，街市喧哗鼎沸；沃野千里，农业五谷丰登；植桑养蚕，蜀锦华丽；蜀汉漆器，远近闻名；商贸繁盛，万商云集……
>
> 左思《蜀都赋》载："于是乎金城石郭，兼匝（zā）中区。既丽且崇，实号成都。"

疾驶辎车帷幔风

车马过桥画像砖

东汉
长45cm　宽40cm　厚5cm
四川成都市郊出土

　　此画像砖砖面为一辆双驾辎（yáo）车正在疾驰过桥的场景，车盖有帷幔。车上坐两人，画面右侧一人手臂前伸，或为御手；左侧一人戴冠，应为主人。车右后侧有一人骑马跟随，梳双发髻，身着广袖长服。木桥上翘板横竖交铺，桥旁有栏。桥梁四排，每排四根柱子。此砖画面也为研究古代桥梁建筑提供了实物资料。

两江之间集市忙

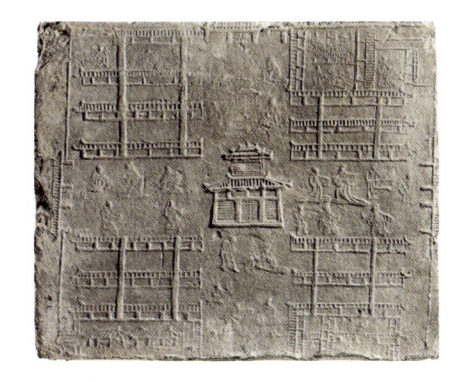

市肆画像砖拓片

市肆画像砖

东汉

长48.3cm　宽39.5cm　厚6cm

四川成都曾家包汉墓出土

　　此画像砖砖面为俯视图，十字形街市上下左右各有三排五脊式房屋，应为列肆，屋内有人或对坐或站立。左下端有两座小房。中间有一重檐式二层市楼。街道上有各类人物，行走的、推独轮车的、正在进行交易……四周有墙垣，为市墙，左右各有一门，为市门。

　　蜀郡太守李冰将原位于成都城中的"市"，迁到城外"二江"之间，建成了当时西南地区最大的"市"，设立了统一规范的市场，由专人进行管理，每天按鼓声开市和闭市。"二江珥（ěr）其前"，反映了当时成都城邑与商品市场、河流的位置关系，这样的城市格局在成都城延续了约600年。

　　肆为当时的贸易场所。

谁家金闺车马载

辎车画像砖拓片

辎（zī）车画像砖

东汉
长48cm 宽39.8cm 厚6cm
四川成都曾家包汉墓出土

  此画像砖所绘辎车带交络，椭圆形车盖顶部隆起，车厢分前后两部分，轮毂（gū）明显，车前有辀（zhōu），驾一马。车上坐有两人，画面右边一人坐在前舆为御手，手握辔（pèi）头，左边一人坐在后舆为主人。车下一人持杖前驱，另有一侍婢手执花状物跟随。《汉书·张敞传》载："君母出门，则乘辎軿（píng）。"汉代辎车车厢严密，多用于女眷出行所乘。

家火煮盐开先河

盐井画像砖

东汉
长46cm　宽39.5cm　厚6cm
四川成都曾家包汉墓出土

盐井画像砖拓片

　　砖面上群山耸立，植被繁茂，其间有禽类和哺乳动物，山间有二人正在张弓射猎。左下角盐井上有高架，架分两层，每层有二人正用滑车和吊桶汲卤；右下角有一口长形灶，灶上有釜五口，灶前一人正烧火熬盐；井架和灶间架有筧（jiǎn）筒，盐卤经筧筒至灶上的大锅内；山间还有两个运盐者背负盐包行进。此画像砖形象地再现了东汉时蜀地的自然生态和井盐生产的繁忙景象。

　　成都平原是西南地区重要的盐产地，这里的盐业生产主要以井盐生产为主。成都的井盐生产始于战国末期，从文献记载来看，李冰任蜀郡太守期间即在今成都双流地区开凿了广都盐井，揭开了成都平原官方管理井盐生产的序幕。汉承秦制，在临邛（今邛崃）、蒲江、南安（今乐山）三处井盐产地设置盐官。西汉时期，盐井数量大幅度增加，盐业的繁荣一直延续至三国时期。

　　成都也是世界上最早用天然气煮盐的地区。《华阳国志·蜀志》载：汉代临邛"有火井……取井火煮之，一斛水得五斗盐。家火煮之，得无几也。"

广袖长服鼓瑟舞

歌舞宴乐画像砖拓片

歌舞宴乐画像砖

东汉
长48cm　宽39.3cm　厚6cm
四川成都曾家包汉墓出土

　　此画像砖砖面为小型歌舞宴饮场面。画面中六人环绕樽、杯、案等宴饮器皿，或坐或立。上方四人席地相向而坐，右侧男子头戴高冠，身着长服，面向左边跪坐，为观舞者。左侧三人面向右边跪坐，均身着广袖长服。中间的男子双手正在鼓瑟，身份或为"乐正"（官名）；旁有两女子，左侧女子头挽高发髻，应为歌者；右侧女子头挽双发髻，交手正坐。下方两人正在表演舞蹈，左侧一人头戴高冠，身着长服，躬身站立，点鼓打拍，以助舞势；右边舞者，戴冠着广袖长服，举袖起舞。整个画面布局合理，清晰生动。

> **小知识：乐舞百戏**
>
> 　　乐舞百戏是汉代大小聚会、宴饮场合最流行的表演内容。其中汉舞融合了外来文化的因素，并受杂技、武术、说唱的影响，表演难度更高，舞蹈种类丰富，颇受人们喜爱。根据成都地区出土的汉代画像砖的记录，当时较为流行的舞蹈形式有长袖舞、拂舞、盘鼓舞、鞞（pí）舞、建鼓舞、剑舞、驼舞、跳丸等，另有一种灵星则是祭祀农神后稷的特殊舞蹈形式。
>
> 　　古代称表演歌舞的男女艺人为男女伎人，称以音乐歌舞或杂技戏谑娱人的艺人为倡优。

舞起箫扬击鼓声

歌舞杂技画像砖

东汉

长47.9cm　宽39cm　厚6cm

四川成都曾家包汉墓出土

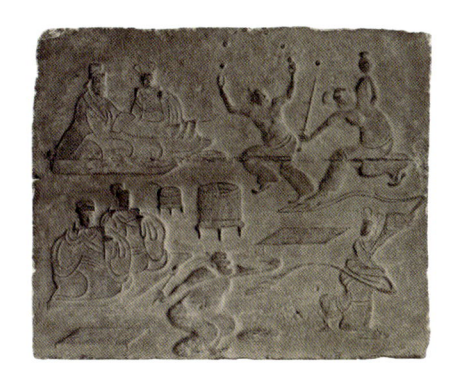

歌舞杂技画像砖拓片

　　此画像砖所绘歌舞杂技宴饮场面由八人和几案、樽、杯以及表演道具组成。两位观者位于画面左上方，席地而坐，男子头上戴冠，身穿宽袖长袍，女子头上梳双髻，侍坐一侧。右上为杂耍场面，两人均上身赤裸，梳椎髻，一人表演跳七丸，另一人左肘立瓶，右手执剑跳丸。左下方跽（jì）坐两位吹奏排箫的乐人。右下方男女两伎正表演舞蹈，左侧男伎梳椎髻，头上戴有发饰，上身赤裸，下穿阔裤，为倡优形象，他手中执鞞（pí）鼓，作屈膝状；右侧女舞者头挽双发髻，腰间束带，手中执拂，拂尾飘扬，她左脚向后提起，脚下踏物而行。

高歌击节 翩然舞

鞞舞画像砖拓片

鞞（pí）舞画像砖

东汉
长45.5cm 宽25cm 厚5.5cm
四川绵竹新市镇出土

　　此画像砖砖面展现了三位伎人在廊下表演的场面。左侧一人，作倡优形象，上身袒露，着裤赤足，左手握鞞鼓，做滑稽表演。中间一人为舞者，头上戴冠，身穿广袖长服，腰间有束带，腿微曲，翩然起舞。右侧一人袒露上身，下穿阔裤，昂首举臂，手中似为舞剑，右脚上提踏鼓，以鼓点掌握舞蹈节奏。

投箸行棋决胜负

六博画像砖

东汉

长47.9cm　宽39.8cm　厚6cm

四川成都曾家包汉墓出土

六博画像砖拓片

　　此画像砖砖面上方绘帷幔，画面中四人分为两组，一组博弈，一组宴饮。画面上方为博弈场景，左侧一人手中执物，正在投箸；右侧一人俯视局势，欲动其箸。下方二人对饮，几案上放置菜肴、耳杯。右下方站立一仙鹤。

　　博戏中投六箸的博简称"六博"。博由局、棋、箸等组成。局为棋盘，用一块长方形木板制成，棋盘上有12条曲道，是棋子行走的路线。棋子一般为12颗，或六黑六白，或六红六黑；博弈双方各6颗相同棋子或一大五小6颗棋子。箸形似细长的竹筷。游戏中，投箸行棋，以吃子数量多少定胜负。

楼宇依旧似当年

陶楼

东汉
高109cm　宽74cm
四川成都六一一所汉墓出土

　　此座陶楼为泥质灰陶，由上、下两部分分制组合而成，表现的是三层楼房的形态。一楼中间为双扇门，可开合。门上有三升斗拱，悬挂有盾。二楼有一圈围栏，前墙中间悬挂衣服，两侧挂有扇形物品，或为便面；斗上有菱形镂空围墙。三楼栏杆上立有一鸟，右侧短柱前站一人，头部残缺。廊上有镂空方形窗。重檐式庑（wǔ）殿顶下两侧短柱上可见斗拱，有双鸟对立于垂脊上。

　　两汉时期的楼式建筑兼有生产、警戒、游赏之用，楼式模型成为东汉墓葬中常见的随葬品。

　　便面，是古代用以遮面的扇状物，泛指扇面。

井上结饰抵仙境

陶井

东汉
高60cm　宽32cm
四川成都六一一所汉墓出土

　　此陶井为泥质灰陶，由井身、井台、井架和井亭四部分构成。
　　井身呈上小下大的圆筒状。外壁上饰三层纹饰带：第一层有附加堆纹、方格纹，应为表现系绳痕迹；第二层中每三个涡云纹一组，后有缠枝纹；第三层为弦纹。
　　井台呈圆形，中部为圆形井口，台外侧饰两排涡云纹，台上放置一汲水罐。
　　井架置于井台上，井口正上方架设了辘轳。
　　井亭为单檐悬山式房顶。井架立柱和斗拱结构上涂朱。顶部有一结状装饰，称为"胜"，是仙境（西王母）的象征，意指墓主人已达仙境。
　　水井是西汉常见的生产、生活设施，除作为小型灌溉设施用于农业生产外，也是供日常生活使用的取水设施。

笑意盈盈水盈盈

陶汲水俑

东汉
高80cm 宽30cm
四川成都六一一所汉墓出土

  此俑为泥质灰陶。俑头、身分制套接而成，作立姿。

  女俑面带微笑，梳扇形双发髻，髻上簪花，额上束巾，戴耳珰（dāng）。身着褶领荷叶襦裙，露出袖口，束腰带，衣服涂朱。陶俑左手提水罐，右手执绳，是汉代汲水场景的生动写照。

  井在汉代成都地区普遍使用，常见有陶井、砖井等，井亭上安装辘轳，用陶罐取水。

小知识：襦裙

  襦裙是"上衣下裳"衣制。上身穿的短衣不过膝盖，叫"襦"；下身束的裙子可分为齐腰裙、高腰裙以及齐胸裙三种。

  襦裙出现在战国时期，兴起于魏晋南北朝。

驾车驭马平安行

正　　　　　　　　侧

陶御手俑

东汉
高53cm　宽18cm
四川成都六一一所汉墓出土

  此陶俑为泥质灰陶。盘发，身穿褶领右衽长袍，袍上衣褶清晰可见。陶俑面带微笑，双臂前伸，双手半握，手中应持缰绳，下身微屈，作驾车姿态，故称御手俑。古代御手的职责是驾驭车马，保护车马进退得宜。

> **小知识：右衽与左衽**
>   汉服穿着时，左右两片衣襟在胸前交叠，左侧的衣襟压在右侧衣襟之上，向右掩，称为右衽。右衽是汉服始终保留的特点，成为汉族的象征符号之一。与之相反，中国古代一些少数民族的服装为左衽。

淡扫娥眉临晚镜

陶持镜俑

东汉
高64cm
四川成都地区出土

　　此陶俑泥质灰陶,坐姿,头、身分制套接而成。女俑梳扇形发髻,髻上簪花四朵,头戴束巾,戴耳珰(dāng)。面带微笑,左手持一圆镜于胸前,右手放于右膝,食指与中指戴饰品。着褶领大袖袍,露出袖口,束腰带,袍纹饰清楚,袍上涂朱。

陶匍匐俑

东汉
高20cm　宽25cm
四川成都凤凰山汉墓出土

　　此陶俑为泥质灰陶。俑头、手、身分制套接而成。戴平帽，面带微笑，身穿褶领长袍。呈跪拜姿，作聆听状。

跪拜谛听以压胜

小知识：伏听

　　伏听，亦称跪伏俑、跪拜俑、匍匐俑、跪俑、伏地俑，多呈四肢着地，匍匐跪拜状。

你来说唱我来听

陶俳优俑

东汉
高60cm 宽40cm
四川成都金堂李家梁子汉墓出土

    此陶俑为泥质灰陶,坐在一圆形坐垫上,头戴巾帽,着裤赤足。上身袒露,耸肩,左手执鼓,右手握拳,作执槌击鼓状。右脚蹬踢,左脚蜷曲,仰面大笑,其夸张的面部表情和体态,令人捧腹,具有强烈的艺术感染力。

生为博得众笑声

陶俳优俑

东汉
高62cm　宽20cm
四川成都六一一所汉墓出土

　　此俑为泥质灰陶，作站立状。头戴巾帽，双眼微闭，面部表情滑稽而夸张。双肩上耸，左手上举，右手置于身侧，双腿一前一后，就像正在场内踱步表演。陶俑动感十足，姿态轻松逗趣，充满喜乐感。

　　俳优，是带有诙谐性质的综合伎艺表演者，表演类别包括乐舞、杂技、滑稽等，往往随侍主人左右，供人取乐。因俳优的表演以说唱形式为主，所以汉墓出土的俳优俑又称"说唱俑"。其形态和风格可分为坐姿状和站立状两类，是汉代蜀地说唱表演形式的生动再现。

蜀琴欲奏鸳鸯弦

陶抚琴俑

东汉
高65cm　宽67cm
四川成都金堂李家梁子汉墓出土

　　此陶俑为泥质灰陶，头、身分制套接而成。头戴圆帽，面带微笑，身体微倾，盘腿而坐，双手抚弦弹拨，神情专注而怡然自得。
　　汉代成都地区的演奏乐器有竽、瑟、琴、箫、鼓、笛等。琴是最主要的乐器之一，可以独奏，也可与竽、箫、鼓、钹（bó）等乐器组合演奏。

陶吹笛俑

东汉
1. 高81cm　宽38cm
2. 高81cm　宽38cm
四川成都六一一所汉墓出土

　　此陶俑为泥质灰陶。两件均头、身分制套接而成。头戴介帻（zé），面部圆润，眉目清秀，面带微笑，神情平和。身穿袍服，作坐姿，双手执长笛独奏，长笛下接一耳杯。这两件吹笛俑是汉代竖吹长笛的奏乐人形象。四川汉墓中出土的吹笛俑常与舞蹈俑、抚琴俑、击鼓俑等组合出现。马融《长笛赋》记载，受羌笛影响，汉代长笛作竖吹状。

长笛悠扬送汉风

1　　　　2

踏鼓而舞乐融融

陶立舞俑

东汉

高103cm　宽45cm

四川成都六一一所汉墓出土

　　此陶俑为泥质灰陶。俑头、身分制套接而成，作立姿。

　　舞俑面带微笑，梳扇形发髻，髻上簪花，现存三朵，额上束巾，戴耳珰（dāng）。身穿褶领长服，露出袖口，束腰带。双脚中间置有鼓形（罐形）物，左手提裙一角，右手上举，手中执长巾舞蹈。舞俑造型生动，神态活泼，结合其舞蹈姿势和道具，推测此舞为踏鼓舞。

错金银铜带钩

西汉

长14.5cm　宽2.6cm

四川成都石羊乡出土

　　此带钩呈琵琶形，钩首为兽首，颈部细窄，钩钮为圆形。通体以卷叶纹排布为三角形纹样作装饰，卷叶纹为错金纹饰。

　　错金银工艺是将金银丝或片嵌入青铜器表面錾（zàn）刻的图案或铭文中，再经过打磨以达到美观而华丽的效果，常用在青铜饰件上，始于春秋中期，盛行于战国，西汉以后逐渐衰落。

犀比系腰多为铜

错金银铜带钩

西汉

长19cm　宽3.1cm

四川成都中医学院出土

　　带钩呈琵琶形，钩首为兽首，颈部细窄，钩钮为圆形。钩体装饰几何纹样，以双勾和减地手法刻画线条，线条上涂金。

> **小知识：带钩**
>
> 　　带钩，古称"犀比"，是古代贵族和文人武士所系腰带的挂钩，多为青铜质地，也有用黄金、白银、铁、玉等材质制成，是身份的象征。
>
> 　　战国至秦汉时期是带钩发展的鼎盛阶段，这一时期还流行玉带钩，钩面多为浅浮雕蟠螭（pán chī）、凤鸟等纹饰。

凤羽锦纹出岭南

盖顶

纹饰

兽面铺首衔环

兽足

铜樽

西汉晚期—东汉早期
底径24cm　高33cm
四川成都金牛大湾汉墓出土

　　此樽分为樽盖、樽身两个部分。樽盖高而尖，盖顶正中最高处立有一凤鸟。樽身为圆筒形，樽腹上半部有两个对称的兽面铺首衔环，平底外设三个兽足。樽盖与樽身可分离。器表装饰錾（zàn）刻纹样，顶端凤鸟羽毛清晰，樽盖面錾刻有山林走兽图案，边缘刻一圈锯齿纹及一神兽。神兽位于樽盖和樽身分接处，作为樽盖、樽身上下扣合的标志。樽身中部以一道凸弦纹将纹饰分为上下两组，两组纹样相同，自上而下分别为菱形回纹、四重羽状锦纹、锯齿纹和菱形回纹。

　　铜樽为合模铸造，器表纹饰应是在铜器铸成后錾刻而成。这种錾刻花纹铜器通常产于我国岭南地区，其中广西东南部是其主要的制作中心。

飞鸟走兽齐欢腾

顶部

正面

铜扁壶

西汉晚期—东汉早期

长33cm　宽6cm　高30cm

四川成都金牛大湾汉墓出土

　　此扁壶有盖，直颈，圆弧肩，扁圆腹，长方形圈足。壶身肩部与口部对称位置均有兽面半环钮，以活链相连。肩部有提梁，装饰錾刻鸟首纹样。整体纹饰以錾刻锯齿纹、菱形回纹、四重羽状锦纹为主。壶盖圆钮，共三圈纹饰带。自内向外，第一圈为四叶纹，中间有四只逆时针方向环形的鸟；第二圈为锯齿纹；最外圈为菱形回纹。壶身颈部饰锯齿纹，肩部刻相向鸣舞的对鸟、三组背向对鸟、走兽。腹部绘八圈纹饰带，第一、四、六圈为锯齿纹，第二、五、八圈为菱形回纹，第三、七两圈为四重羽状锦纹；圈足饰锯齿纹和菱形回纹。

布币似铲仿农工

"大布黄千"铜布币

新莽
长3.8cm　宽2.8cm
四川成都金牛大湾汉墓出土

　　此枚布币平首、平肩、平足，腰身略内收，正、背面均有外郭。首部有一个穿孔，用以系绳。钱文为悬针篆，自右至左竖读为"大布黄千"。始建国二年（10年），王莽进行第三次货币改革，实行宝货制，"大布黄千"属布货十品。

　　布币，因形状似铲，又称铲布，从青铜农具演变而来，是中国春秋战国时期流通于中原诸国的铲状铜币。

小知识：布币

　　布币源于古代一种铲状农具——镈（bó），古代"布""镈"通用，镈顶端中空，方便安装柄。因为古人有时用镈交换东西，镈逐渐有了以物易物的功能，后来，就仿照镈的样子做成了货币。

大额虚币金错刀

"一刀平五千"铜刀币

新莽
长4.7cm 宽2.8cm
四川成都高新周家山崖墓出土

　　刀币由环柄和刀身两部分组成。环柄为方孔圆钱，钱文"一刀平五千"为篆文。其中"一刀"二字在方孔圆钱上，上下对读；刀身上铸有"平五千"三字，钱文竖读。钱文中的"平"是"值"的意思，即表示一枚刀币价值等于五千文铜钱。"一刀平五千"中有一种"金错刀母钱"，其上"一刀"二字用错金工艺填涂黄金，又简称"金错刀"，制作精美，造型奇特，存世稀少，是中国唯一采用错金工艺的钱币。

容颜易逝镜亦改

兽纹铜镜

东汉
直径8cm
四川成都双流黄佛乡出土

  此镜为圆形，圆钮，圆形钮座，素缘。镜背面纹样由环绕镜钮的主题纹样和其外的辅助纹样构成。主题纹样为四兽，首尾相连。辅助纹样自内向外分别为斜线纹、锯齿纹及双线波纹。

长宜子孙八曲纹

连弧纹铜镜

汉代
直径10cm
征集

　　此镜为圆形，宽平缘，缘为素面，圆钮，四叶纹钮座。镜背面铭文、四叶纹和连弧纹作装饰。四字铭文"长宜子孙"作顺时针分布，间以四枚柿叶纹，其外有八曲连弧纹带。

　　连弧纹镜是汉代比较流行的铜镜样式，特征是以连弧纹规划装饰面，根据图案可以分为云雷连弧纹镜、"长宜子孙"连弧纹镜、素连弧纹镜等。铭文多见"长宜子孙""长生宜子""长（君）宜高官"等，又以"长宜子孙"最为常见。中原和北方地区，尤其是河南、山东、陕西等地流行"长宜子孙"连弧纹镜、云雷连弧纹镜，南方地区则多云雷连弧纹镜。

羊灯照处吉祥生

铜羊灯

汉代
长12cm　高9cm
四川成都通惠门路出土

　　此铜灯作卧羊形,昂首凝目,羊须与颈部连接,四肢屈卧,身体浑圆,憨态可掬。羊背设计成可开启的灯盘,羊体中空用以储存油脂。通体以细线刻成的方格纹作装饰。

　　羊这种常见的动物,与人类的亲密关系渊源已久,特别是进入农耕社会以后,它不仅大量被人驯养,成为人类生活的一份子,并且,古代"羊"与"祥"相通,它还被赋予很多吉祥的含义。

　　在汉代艺术中,羊的造型更是纷繁多姿,它既可以被塑作灯座的造型,也可以被雕作神道石兽,还大量出现在汉代的画像石中。

第三单元
蜀郡巧工

两汉是蜀地手工业大发展的时期。汉代成都是纺织业、织锦业的重要产地。"女工之业，覆衣天下"，蜀锦不仅是朝廷贡品，行销全国，也是丝绸之路上的重要商品，远销海外。成都天回镇老官山汉墓出土的织机模型，实证了汉代蜀锦织造业的发达。同时，"蜀郡西工"生产的漆器、铜器、铁器等行销全国甚至海外。湖南长沙马王堆汉墓、湖北江陵凤凰山汉墓、贵州清镇汉墓、安徽马鞍山朱然家族墓地等均出土有蜀郡制造的漆器；朝鲜乐浪出土有"蜀郡西工造"铭文的漆器；河北、江苏、安徽等地都出土有"蜀郡西工"铭文的铜器；在川南、云南、贵州等地出土有"成都""蜀郡"铭文的铁器，实证了当时成都手工业的繁盛。

小知识：老官山汉墓

成都老官山汉墓位于成都市金牛区，于2012年开始发掘，其年代推测为西汉景帝、武帝时期。出土遗物中漆木器有耳杯、奁（lián）、几、盘、盒、马、璧、器座、案等。出土漆器多数表面黑漆为地，绘红漆花纹，纹饰有平行线纹、水波纹、条带纹、涡云纹、弦纹等。

滑框／连杆型一勾多综提花木织机模型

西汉
长83.5cm　宽28.2cm　高47.5cm／长66cm　宽21cm　高41cm
四川成都老官山汉墓出土

　　这是迄今发现的世界上最早的提花织机的模型。

　　织机模型为竹木制成，结构复杂精巧，保存十分完整，其出土时一些部件上还残存有丝线和染料。

　　馆内展示的织机模型有连杆型和滑框型两种，均采用同样的移动齿梁选综结构，即用一个旋转踏板提升滑框或连杆。二者提综机结构不同，滑框型织机利用滑框提升多片纹综，连杆型织机则用连杆提升多片纹综。

　　这些织机模型真实再现了西汉时期成都生产蜀锦的先进技术，与扬雄《蜀都赋》中描绘的场面相互印证。

　　汉代全国各地丝、绣、锦争芳吐艳，唯蜀锦独妙，冠绝天下，并作为汉王朝丝绸生产的高端产品，通过丝绸之路供给各方，对丝绸之路的发展繁荣产生了重要影响。而蜀锦、蜀布能够闻名天下，与具备了世界领先技术的提花织机的推广和使用密不可分。提花织机的推广与使用，对日后中国乃至世界的丝织业发展也起到了巨大的推动作用。

　　2006年，蜀锦织造技艺被列入第一批国家级非物质文化遗产名录。

织机鼻祖蜀锦名

调丝木俑／纬络木俑

西汉
1.高26cm
2.高25cm
四川成都老官山汉墓出土

　　木俑与织机模型同时出土，共计15件，出土时放置于织机模型周围。木俑或坐或立，手臂的姿势也各有不同。根据木俑的不同身姿和身上铭文推测，它们代表着从事不同工序的织工。

织工正姿忙不停

1

2

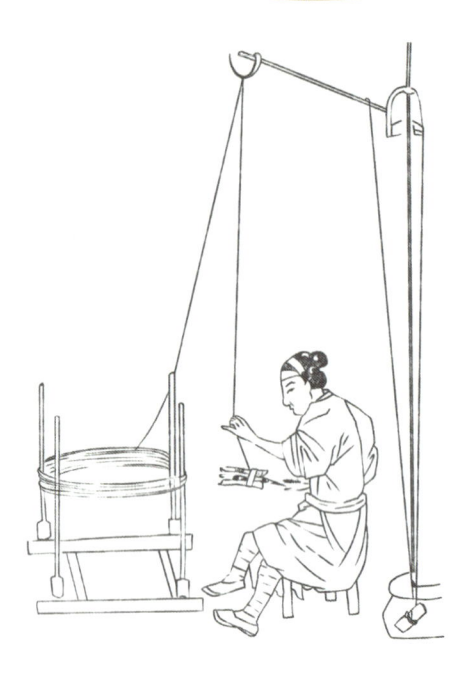

《天工开物》（明崇祯刻本）调丝图

《天工开物》（明崇祯刻本）纺纬图

骏马矫健伴永生

1

2

漆木马

西汉
1.长约65cm　高约66cm
2.长约42cm　高约45cm
四川成都老官山汉墓出土

　　两件漆马形制基本相同，均为木胎，呈站立状，头呈长方形，略仰起，面部肌肉逼真，两颊分别有三道凹槽，眼眶高凸，眼球略呈三角形，鼻孔大而圆，张嘴露齿，颈粗壮，身体匀称，肌肉发达。身、尾分作，以榫（sǔn）卯相接而成，出土时尾部已脱落。通体髹（xiū）红漆，耳窍、眼眶、鼻孔和嘴有涂朱痕迹。

　　漆马造型生动，身形矫健，是汉代漆器中的精品。

蜀地得见楚风韵

髹（xiū）漆陶鼎

西汉
宽21cm 高34cm
四川成都老官山汉墓出土

　　此鼎为陶胎髹漆器。带盖，盖为圆顶，上有三个提手，鼎身为子口，直立附耳，圆腹，大圜底近平，三蹄形足。表面髹黑漆为地，腹部、足跟、足尖、耳外、耳侧等部位绘红漆花纹，纹样有平行线纹、水波纹、条带纹、涡云纹、弦纹等。此鼎造型有明显楚式鼎风格。

漆木案

西汉

长48.8cm 宽27.2cm 厚3cm

四川成都老官山汉墓出土

  此案为木胎，长方形，四沿高于盘面，平底，有四个曲尺形足。案正面相间髹红漆和黑漆，案沿、背面及足髹黑漆。沿面里漆上装饰有红漆圆点纹、云气纹、涡云纹。案盘正面红漆上无纹饰，黑漆上加饰红色圆点纹、平行线纹、卷云纹。

  这件漆木案，类似现代分餐制的托盘，使用时放在几案上。

分食有量惜盘餐

黄金时代羽觞行

内侧

底部

外侧腹部"弓"字

"弓"字铭漆木耳杯

西汉
长10cm　宽5.5cm
四川成都老官山汉墓出土

　　耳杯为椭圆形口，半月形耳上翘，弧腹，外底为低矮的圈足。内髹（xiū）红漆，外髹黑漆。无纹饰，外侧腹部书写一"弓"字。学者认为"弓"为墓主姓氏，据《风俗通义》记载，"弓氏，鲁大夫叔弓之后"，春秋时期起源于鲁国，分布在现在的鲁南、鲁中地区。

　　汉代被称为漆器的"黄金时代"，漆耳杯的生产及制作达到了空前的盛况。

　　耳杯，是饮酒器，雅号"羽觞"，因其形状像爵，两侧有耳，就像鸟的双翼，故名"羽觞"。耳杯最早出现于东周，并沿用至魏晋，名称逐渐通俗化为"耳杯"，其后逐渐消失。

蜀郡铁锸（chā）

东汉
长12cm　宽12.8cm
四川成都反乡路下水道出土

　　此铁锸为"凹"形銎（qióng）口，两面中空成槽以装木柄，上有"蜀郡"二字铭文。铁锸，相当于今天的铁锹，是挖土工具。

　　秦并巴蜀后，于成都"置盐铁市官并长、丞"。汉王朝在蜀地多处设铁官。蜀郡冶铁业发达，其铁质农具大量销往川南及云南、贵州、广西等地，提高了西南各民族地区的生产力，有力地促进了西南地区的开发。

铁釜

西汉
口径25.1cm　腹径43.4cm
底径12.7cm　高29.8cm
四川成都老官山汉墓出土

　　此铁釜肩部饰凸弦纹两周，腹部附对称双耳，耳内套圆环。

　　釜，古代的一种炊具，可用来煮蒸食物，为现代所使用"锅"的前身。

　　早在新石器时期，便出现了与陶灶相配合的陶釜。釜直接置于炉上烹煮食品，比鼎、鬲（lì）更能集中火力，可以节省时间和燃料。随着冶铁业的不断发展，铁制釜应运而生，逐渐取代鼎、鬲成为主要炊器。

汉朝蜀地有铁官

双耳铁釜速热食

花重锦官城：成都历史文化陈列·古代篇

"蜀郡工官"铜盆

东汉
口径59.7cm　底径33.5cm　高18cm
四川成都永丰公社省供销机械厂出土

　　此铜盆直腹，平底。盆外壁素面，腹部有一流，带对称双耳。盆内有隶书铭文16字为"中平五年，蜀郡工官造作，周君，吉祥，宜王"，记载了制造时间、制作地及工坊、铸造者姓氏等信息。铭文左侧饰枝蔓、仙鹤、龟，右侧中间饰羊，上下均饰有花卉枝蔓等，寓意吉祥。

东工西工职不同

小知识：秦汉手工业

　　秦汉手工业制作分官府经营和私人经营两种，而工官就是管理官府手工业的官署，其生产制造过程有细致的分工，并有严格而完整的监督管理体系。秦时蜀郡已有"东工"，主要负责冶铜和制造兵器、制陶、漆和漆器生产等。西汉时期在蜀郡、广汉郡均设有工官，蜀郡者称"西工"，在原有的经营项目上又增加有铜车马器、日用器的生产。

　　蜀郡的铜器，器形种类多样，设计制作精良，常用鎏金或鎏银工艺，装饰不仅有云气纹、三角锯齿纹等几何形图案，更以神仙、人物、瑞兽等图像独具特色。

　　《华阳国志·蜀志》载秦汉蜀地"家有盐铜之利，户专山川之材"。成都出土的汉代铜器有鋻、釜、钫（fāng）、壶、洗、盘、鐎（jiāo）斗、樽、勺、耳杯、奁（lián）、熏炉、灯、镜等。

第四单元
文章冠天下

秦汉之际，中原文化与蜀中文化交融。汉帝国建立后，国家统一，政治稳定，经济发展，文化上也取得很大成就。西汉文学家继承了战国楚辞余韵，创造了汉大赋、汉乐府等文学体裁，使中国文学在汉代出现一个新的发展高峰。

成都，虽是偏远的西南城市，但其教育走在全国前列，文教之风盛行，蜀地"文章冠天下"，在汉代文化发展史上成为一颗耀眼的明珠。

文翁——蜀郡太守、公学始祖

文翁，名党，字仲翁，庐江郡舒县（今安徽舒城）人。西汉景帝末年，被任命为蜀郡太守，于成都兴建官办学校，名"石室"，创地方官学先河。《华阳国志·蜀志》载："始，文翁立文学精舍、讲堂、作石室，一曰玉室，在城南。"同时，文翁从郡县中选拔开明有才者，派遣至长安学习。为了让学生安心求学，文翁还为他们免除了徭役，蜀生学成还归，皆予重用，或招募任教，或举荐为官。

文翁创办石室和派遣学生出外求学，使蜀地本土文化与中原文化深度融合，极大地改变了蜀地观念，崇学尊儒，蔚然成风。及至汉武帝即位，对文翁兴学一事极为赞赏，下诏举国仿效，设置学校，将新型教育模式推广至全国。

文翁兴学，在成都所产生的作用和影响十分长远，东汉史学家班固在《汉书》中写道："至今巴蜀好文雅，文翁之化也。"

严君平——道家学者、思想家

严君平，名遵（一说本名庄遵，因避汉明帝刘庄讳，改作严遵），字君平，蜀郡临邛（今成都邛崃）人，西汉末期道家学者、蜀地隐士。著《老子指归》阐释道家思想，影响深远。

严君平常年隐居成都市井中，以卜巫为生，"日得百钱，即闭户下帘"。他通读《老子》《庄子》《易经》等典籍，并讲授易经和老子学说，著有《老子指归》。《蜀中广记》中称他"知天文，认星象，善占卜，通玄学"，班固《汉书》记载"蜀人爱敬，至今称焉"。

司马相如——辞赋家

司马相如，字长卿，少名犬子，后慕蔺相如之为人，更名相如。蜀郡成都（今四川成都）人，汉代著名辞赋大家，"汉赋四大家"之一，被誉为"赋圣""辞宗"。代表作有《美人赋》《上林赋》《喻巴蜀檄》等。

王褒——辞赋家

王褒，字子渊，犍为郡资中（今四川资阳）人，西汉著名辞赋家，与扬雄并称"渊云"。精通六艺、崇敬屈原。

汉宣帝提倡歌诗音律，士多召见待诏。益州刺史王襄听说王褒有俊材，使其作《中和》《乐职》诗，以古乐演唱，声名远扬。后著有《圣主得贤臣颂》《洞箫赋》和《四子讲德论》等。

扬雄——辞赋家、思想家

扬雄,字子云,蜀郡成都(今四川成都)人,多才,《汉书·楚元王传》载扬雄"博物洽闻,远达古今"。著有《法言》《蜀都赋》《蜀王本纪》等。

扬雄

第五单元
古医奇珍

汉代成都最重要的医学考古发现当属2012年天回镇老官山西汉木椁墓群中出土的相关医学文物。其中，经穴漆人证明在西汉早期我国的中医针灸学已经形成了较完备的理论体系。同出的700余枚医简，目前已整理出6部医书，分属"经脉医学"和"汤液医学"，与扁鹊医学有密切关系。

经穴模型最完整

正面　　　　背面

髹（xiū）漆经穴人像

西汉
高14.9cm　头宽2.6cm　肩宽5.1cm
四川成都老官山汉墓出土

　　漆人体形匀称，裸身；光头，眉、眼、鼻、口、耳清晰；直立，手臂垂直放于两侧，手五指并齐，掌心向前；双脚并立。通体髹黑漆。身上标识有腧（shù）穴点111个，并有阴刻有的"心""肺""胃""肾""盆"等小字铭文共20字。全身有22条红色漆绘线，呈对称分布，与马王堆出土古脉书中的十一经脉大体对应；此外，并有41条刻划线，与同墓出土医简中的十二经脉和别脉相关，推测其为经脉线。经穴漆人是迄今我国发现最完整的人体经穴模型，展现了汉代的经脉针灸的发展状况和医疗水平。

花重锦官城：成都历史文化陈列·古代篇　　115

百病治方记脉经

天回医简

西汉
残长21cm～39cm
四川成都老官山汉墓出土

　　老官山汉墓出土竹简经清理、整合后共有726枚，包括有医书、法律文书及其他文书等内容，其中医书共有6部，分别命名为《脉书·上经》《脉书·下经》《治六十病和齐汤法》《刺数》《尐（bá）理》《逆顺五色脉臧验精神》。《脉书·上经》内容涉及论呼吸与脉动，论五脏、五色通天及病脉，论色脉相乘，其中以五色脉诊为核心，是扁鹊医学最突出的标志。

　　《脉书·下经》内容以经脉病候为核心，本篇的内容涉及如何分辨风、伤中、瘕（jiǎ）等诸多病症及十二经脉、足大阳络、足阳明支脉等经脉循行及症状表现；《治六十病和齐汤法》记载了包括内、外、妇、儿各科约60种疾病的药方，并带有目录简。每病之下收录药方数量不等，共计106方。《刺数》内容分为总论和分论两部分，总论介绍刺法的一般原则，分论则介绍各种具体病症的刺法，是一篇关于箴刺治法的专论；《尐理》内容涉及四时，五风，五痹及五死等；《逆顺五色脉臧验精神》，有题名简"逆顺五色脉臧验精神"，内容与《脉书·上经》有相承关系，语言更为通俗浅易。

第六单元
道教起源

道教为中国本土宗教，具有悠久的历史，丰富的道教思想文化在中华文化体系中具有十分重要的地位。

先秦时期，以老子、庄子为代表的道家思想形成了较为成熟的体系，为东汉后期道教的产生奠定了理论基础。

两汉时期，西蜀孕育了独特的民间信仰与宗教习俗，东汉末年，张道陵于成都大邑鹤鸣山创天师道，又称五斗米道，奉老子为主教，成都成为早期道教的发源地之一。

小知识：升仙传说

巴蜀地区独特的自然地理环境，孕育了别具一格的民间信仰与宗教习俗，祭祀、巫术、占卜等传统民间信仰与习俗较为普遍。汉文化传入后，与阴阳五行、儒教学说相互影响，形成了包括祥瑞和避邪、西王母信仰、伏羲女娲信仰等内容的神仙思想体系。陶有翼神兽座、陶仙山座、石辟邪座、石熊、西王母及伏羲女娲题材的画像砖等相关文物出土，是当时成都地区民间信仰的真实写照。

汉代成都流行西王母和昆仑神话传说，迄今发现的两汉成都画像石、画像砖、画像石棺、陶灯、铜镜、钱树及钱树座上都有与之相关的造型丰富、形象生动的图像。

青峰云间驻仙人

陶仙山座

东汉
高65cm　宽46cm
四川成都百花汉墓出土

　　此座陶仙山由主峰、侧峰两部分组成，山体回旋，云雾缭绕。仙山主峰、侧峰之间塑造洞穴五座，为众仙人居所。山中有15人，其中主峰14人，侧峰一长耳仙人。主峰共分四层。第一层位于山顶，一妇人居中端坐，右手持物，左手下垂，妇人右侧一长耳仙人恭敬侍立；第二层站立四人，画面左侧一人仰面端坐于巨柱的云间，右手自然下垂，左手奉于胸前，其余三人并排立于右侧；第三层及山脚七人或跪坐，或直立，姿态各不相同。侧峰的长耳仙人直身微弯，跪坐于山腰洞穴之外。

龙虎座上西王母

西王母画像砖拓片

西王母画像砖

东汉

长45cm　宽25cm　厚6.5cm

四川绵竹新市镇出土

此砖画面中，西王母端坐于龙虎座上，西王母右为三足乌，左为九尾狐，前方中央有蟾蜍立舞，右下方有一高冠道人跪拜于地，左下方二人跪坐于席上。

天地合一 持规矩

伏羲女娲画像砖拓片

伏羲女娲画像砖

东汉
长48cm　宽40cm　厚6cm
四川成都曾家包汉墓出土

　　此砖的砖面左为伏羲，右为女娲，皆宽衣博带，人首蛇身。伏羲头戴冠，左手持规，右手擎日，日内有金乌；女娲头梳双髻，右手持矩，左手擎月，月中有桂树、蟾蜍。

　　伏羲女娲是中国古代神话传说中的古帝王和始祖神、生殖神，能再造生命，因而受到了渴望长生不死的汉人的特别尊崇。

　　在四川、山东等地的汉代古墓中也陆续发现了伏羲女娲图，这些图案大多出现在夫妻合葬的墓穴中，多是人首蛇身，分别手持规、矩。

　　在古代，规和矩是用来画圆形、方形和测量的工具。规就是画圆形的圆规；矩就是折成直角的曲尺，尺上还有刻度。因此《孟子》才说"不以规矩，不成方圆"。在古人的意识里，天是圆的，规也是圆的，象征天；地是方的，矩为方，象征地，规矩就成了天地的符号，代表涵盖乾坤、天地合一。

　　在新疆阿斯塔那出土了一幅唐代的伏羲女娲图，描绘的是人文始祖伏羲与女娲相拥交尾的景象，这是我国出土的伏羲女娲中最著名的一幅，也是分别持规和矩。

陶有翼神兽座

东汉
高45cm 宽40cm
四川成都六一一所汉墓出土

　　此石座为砂石雕刻，此石座辟邪头生双角，下颌长柱状胡须，胸有鳞状物，四趾利爪，肩生羽翼。辟邪背部有方形銎（qióng）孔，用以插放器物。

神兽辟邪除群凶

石熊

东汉
长31cm 宽25cm 高40cm
四川成都六一一所汉墓出土

　　此石熊呈蹲坐状，后肢着地，左爪置于膝上，右爪放置于脑后，肩部有圆形銎孔。熊首位于銎孔前方，杏眼圆睁，张口龇牙，短舌微吐，作咆哮威胁状，耳部及口部残留涂朱痕迹。腹部有环形肚脐。
　　熊是一种具有辟邪驱鬼功能的神瑞之物，常见于汉墓中，多以负重、搏斗的形象出现。

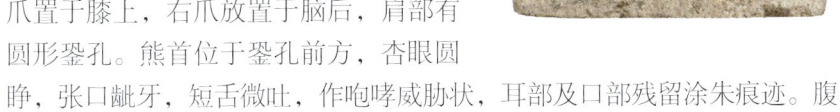

第七单元
三国鼎立之蜀汉

东汉末期，北方群雄逐鹿，刘备据蜀称帝，建立"蜀汉"政权。蜀国建立初期，完善官制、礼制和法制，进行军事改革，大力发展农业和以织锦业为主的手工业，国力逐渐兴盛，统辖六郡，与魏、吴形成鼎立之势。

小知识：蜀汉

蜀汉（221—263年），三国时期割据政权之一，蜀汉始于昭烈帝刘备，终于后主刘禅，历二帝，公元263年为魏所灭。

公元2世纪末至3世纪初，东汉王朝在汉灵帝统治时期，政治腐败，民不聊生，各地军阀兴起，战争不断。曹操迎汉献帝建都许昌，"挟天子以令诸侯"；孙策、孙权兄弟借长江天堑，雄踞江东；刘备则率军入蜀，在成都建立蜀汉政权，形成三国鼎立之势。

公元219年，刘备在汉中自立为汉中王；公元221年，刘备在成都武担山之南与百官登坛即皇帝位，任诸葛亮为丞相，建制百官，设立宗庙，年号章武，国号汉，后世称"季汉""蜀汉""蜀""刘蜀"等。

章武三年四月（223年），刘备薨于永安宫，谥号昭烈皇帝，葬于成都惠陵，建"汉昭烈庙"。成汉建国后，李雄在少城内建武侯庙。明初，武侯祠与惠陵、汉昭烈庙合并重建，清康熙十一年（1672年）重建，固定为现有布局。武侯祠是中国唯一的一座君臣合祀的祠庙。

小知识：诸葛亮治蜀

"益州险塞，沃野千里，天府之土，高祖因之以成帝业。"

——《三国志·诸葛亮传》

蜀汉立国，诸葛亮为相，先后辅佐刘备、刘禅父子，执掌蜀汉事务，勤勉谨慎，大小政事必亲自处理，赏罚严明，内政上致力发展农业生产，休养生息、加强国力；对外与东吴联盟，实行屯田政策，加强战备，改善和西南各族的关系；对内平定南中叛乱，稳定后方，力图完成北伐统一大业。但未能实现兴复汉室的目标。终因积劳成疾，于建兴十二年（234年）病逝，享年54岁。后主刘禅追谥为"忠武侯"，后世常以"武侯"尊称。

武侯祠

第八单元
賨人政权

成汉是秦汉以来少数民族賨（cóng）人以成都为中心创建的第一个割据政权，是"十六国"中最早建立政权的国家之一。

目前发现的成汉时期遗存，包括成都主城区、金堂、西昌等地发现的成汉墓，以及渠县城坝发现的"宕渠城"遗址。这些遗存中，以1966年在成都桓侯巷发现的成汉墓最为著名，墓中出土有带"玉衡二年"铭文的纪年砖、青瓷器、金器、钱币及大量陶俑等。成汉俑样貌奇特，推测与賨人宗教信仰有关，也有人认为它们可能代表了賨人形象。其凸目、大耳、阔口的形象与三星堆遗址的青铜人像相类，成为探索古蜀人族属的珍贵资料。

> **小知识：成汉立国**
>
> 成汉（304—347年）是十六国政权之一。
>
> 西晋后期，天灾人祸横行，大批流民入蜀，后在賨人首领李特、李雄率领下，起兵反抗西晋统治。304年，李雄称成都王，306年，李雄称帝，国号"成"，338年，李寿改国号为"汉"，史称"成汉"。
>
> 347年，东晋将领桓温率兵攻打成汉，当时的成汉皇帝李势投降。

样貌奇特使人疑

陶俑

成汉

高38cm 宽20cm

四川成都浆洗街桓侯巷成汉墓出土

  此俑为桓侯巷成汉墓出土的代表陶俑之一，此造型仅出土1件。

  此俑圆脸，凸目，阔口，大耳。头上有角，残缺，额头正中有圆形凸起，疑为第三目。双手各执一物，左手执锤，右手执蛇。

细作陶俑成汉风

1

2

3

4

陶持物俑

成汉

1. 高53cm　宽20cm
2. 高44cm　宽18cm
3. 高48cm　宽19cm
4. 高40cm　宽22cm

四川成都浆洗街桓侯巷成汉墓出土

　　此类陶俑为桓侯巷成汉墓代表陶俑之一，共出土27件。
　　此类陶俑具有典型的成汉风格，制作较为精细，凸目，阔口，大耳。一般戴帽，多双手持物。

吹排箫陶俑

成汉

1.高20cm　宽10.5cm

2.高23cm　宽9.5cm

3.高19cm　宽12cm

四川成都浆洗街桓侯巷成汉墓出土

　　此类陶俑为桓侯巷成汉墓代表陶俑之一，共出土6件。

　　此类陶俑面部与常人接近，五官较为清晰。戴帽，其中两件手持排箫吹奏，跽（jì）坐。另一件双手交于胸前，可能与乐舞有关。其余三件手部残缺，无物，跽坐。

几回花下坐吹箫

1　　2　　3

戴帽挽髻塑潦草

1　　　　2　　　　3

陶俑

成汉
1.高20cm　宽6cm
2.高21cm　宽8cm
3.高20cm　宽7.5cm
四川成都浆洗街桓侯巷成汉墓出土

　　此类陶俑为桓侯巷成汉墓代表陶俑之一，共出土35件。此类陶俑面部塑造草率，或戴帽或挽髻，身体轮廓模糊，多立于圆形座上。

年号钱币从此转

"汉兴"钱

成汉
直径1.8cm
四川成都双流华阳崖墓出土

　　此圆形方孔钱，有外郭，钱文为隶书"汉兴"二字。
　　"汉兴"为十六国时期成汉政权昭文帝李寿的年号（338—343年）。"汉兴"钱是中国最早的年号钱，开创了年号钱之先河，是中国古代钱币从重量记名到年号记名的转折点。

第九单元
梵音入传

　　两晋南北朝时期佛教高僧云游入蜀，带动了以成都为中心的蜀中佛教的发展。与北方盛行开凿石窟造像不同，成都平原早期佛像多以可以移动的中小型造像为主。近十几年来，成都万佛寺、西安路、商业街、宽巷子和下同仁路等几处遗址均发现有南朝时期造像。这些遗址较为集中地分布在旧城西部的少城附近，所出土的佛教造像风格相近，与长江下游政治中心建康（今南京）的佛教造像有密切关系。

　　南朝时期的佛造像目前在成都地区发现较多，样式和题材丰富，其中一佛四菩萨的多尊式组合造像出现于6世纪上半叶，并逐渐流行。组合造像多为立像，在布局上形成前、中、后排的构图特点，通常力士在前，中间为主尊与菩萨，后为弟子。在雕刻手法上，主尊、菩萨和力士为圆雕或近圆雕，弟子则是浅浮雕。主尊多为释迦像，胁侍菩萨多为文殊菩萨和普贤菩萨。

> **小知识：丝绸之路河南道**
>
> 　　丝绸之路河南道起点为益州成都，终点为西域和漠北，因其沿线若干分道主要经过东晋南北朝时期的吐谷（yù）浑河南国，故而又被称作丝绸之路河南道。该道路兴盛于公元四至六世纪，是沟通南朝和西域间的重要通道。据不完全统计，东晋、南朝、前凉、吐谷浑、柔然、丁零、突厥、铁勒，以及西域、中亚和西亚的许多古代国家的旅行者都曾行经丝绸之路河南道。

佛祖说法立覆莲

比丘晃藏造释迦像背面拓片

比丘晃藏造释迦像

南朝梁中大通二年（530年）
宽27cm　高38.5cm
四川成都西安路出土

　　此造像正面为一佛、四菩萨、四弟子及二力士像。

　　主尊释迦牟尼佛立于复瓣覆莲圆台上，着双领下垂式袈裟，左手抬于腹前，作说法印，右手施无畏印。

　　立像莲台前跪一地神，头顶一盘状物，其上置一博山炉，其旁蹲坐两只狮子。立像左右侧各胁侍二菩萨，菩萨均头戴宝冠，着圆领衫，披帛呈"W"状交叉于腹前，正面而立。两侧靠外菩萨被前面力士挡住半身。

　　造像石的上部主像背光以外有浅浮雕佛传故事，佛传故事外侧左右各有五个飞天排成桃尖状，桃尖处有一佛塔。飞天均着长裙，不露足，身后衣带凌空向上飘舞。

　　造像背面亦满饰浮雕，上部为一佛坐于莲台上，身后有华盖，周围是树林，佛前置一博山炉，左右及前方按上下两层排列有弟子、供养人共24人，下部有铭文共9行55字：中大通二年七月／八日比丘晃藏奉／为亡父母敬造释／迦石像一躯藉此善因愿七祖先／灵一切眷属皆／得离苦现在安隐／三界六道普同／斯誓。

花重锦官城：成都历史文化陈列·古代篇　131

飞天喜闻佛圣事

张元造释迦多宝像

南朝梁大同十一年（543年）
宽29.5cm　高43cm
四川成都西安路出土

此造像正面为释迦、多宝二佛及五菩萨、二弟子、二力士像。释迦、多宝二佛并坐于二连茎仰莲座上，着双领下垂式袈裟。释迦居右，举右掌，左手于左腹侧向下伸。多宝佛居左，举右掌，左手横置于腹前脚上。二佛之间立侍一菩萨，左右各胁侍二菩萨，身后侧各立一弟子，前各立一力士，莲座下有二狮子。菩萨均头戴高冠，着圆领衫。二力士均一手垂握护法兵器，一手举胸侧握拳。佛的背光之外有浅浮雕的佛传故事，外侧浮雕飞天形象。

造像石背面上半部为浅浮雕的说法礼佛场面，下部有阴刻铭文10行65字：大同十一年十月八日／佛弟子张元为／亡父母敬造释／迦多宝石像并／藉兹功德愿／过去者早登瑶土／奉睹诸佛现在／夫妻男女一切眷／属无诸障碍愿／三宝（应）诸夫自（身）。

柱僧逸造阿育王像

南朝梁太清五年（551年）
残高约48cm
四川成都西安路出土

成都地区迄今为止出土的南北朝时期阿育王造像共9尊，此尊造像是目前全国发现的唯一一尊南朝阿育王全身像。阿育王赤足立于仰覆莲圆台上，有头光，螺状肉髻，颧骨突起，有八字胡，着通肩式袈裟，右领反搭于左肩后，胸前形成鸡心领，袈裟长及膝部，具有秣菟罗造像风格。头光大部残缺，其上装饰有贴金联珠纹及化佛图案，头光背面残存有浅浮雕供养人及山峦。

双脚背后长方形石板上阴刻铭文9行60字：

太清五年／九月卅日／佛弟子柱僧逸亡儿李／佛施敬造育王像供养／愿存亡眷属在所生处／值佛闻法早悟无生七／□因缘及六道合令普／同斯誓谨／□。

阿育王像，也称阿育王瑞像，是印度孔雀王朝第三代国王阿育王或其第四女所造释迦牟尼像的简称，粉本出自天竺，样式独特，头上为螺髻，唇上有八字胡须，着通肩袈裟，衣褶突起，具有浓郁的笈多风格。现存最早有阿育王记载的汉语文献为南朝梁释慧皎撰《高僧传》。石刻阿育王像的考古资料主要集中在成都，在万佛寺、西安路、下同仁路等遗址均有发现，可见当时阿育王供奉的流行。成都发现的阿育王像头部有高肉髻、高凸颧骨和八字胡等特征，明显受到了犍陀罗风格的影响。通肩式袈裟的样式，又是受到了印度笈多王朝秣菟罗样式影响，但袈裟略厚，肩略窄，衣纹较舒朗，这些特征又显示出明显的本地特色。

虔诚供养发愿心

第三篇

喧然名都会
——隋唐五代宋元时期的成都

喧然名都会，吹箫间笙簧。
——（唐）杜甫《成都府》

  唐宋展厅主要展现成都在隋唐五代宋元时期作为西南大都会的繁华兴盛面貌，体现了成都隋唐时"扬一益二"的盛况，五代时期"天下之富国"的安定奢靡，宋代坊市林立、货通天下的繁华，元代抗争与重建的坚韧。此外展厅中还有表现唐代蜀锦畅销四海的"蜀船红锦重"艺术品展项，展现宋代集市热闹与繁华的"三月蚕市"微缩场景。

  唐代安史之乱后，中国经济中心南移，成都与江南新兴商业城市扬州共同成为"号为天下繁侈"的全国经济中心，有"世界织锦之都"的美誉，也是全国造纸和雕版印刷中心。

  五代时，北方战乱，蜀地偏安，成都的经济文化持续发展，时人誉为"天下之富国"。大批文人入蜀，使成都在文学、音乐、绘画等方面取得了重要成就。

  两宋时，西南大都会名动天下，成为全国重要物资集散地和财赋重地。为适应远程大宗贸易需要，世界最早纸币——交子应运而生。同时，成都平原作为战略大后方的地位不断凸显，成都府具有"不与天下州府同"的特殊地位。

  唐宋时期的成都是名副其实的国际大都会，这个阶段也是成都城市发展史的第三次高峰。

第一单元
扬一益二

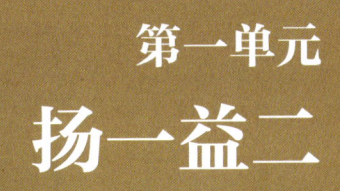

隋唐时期，成都社会安定，人口增加，手工业不断发展，各类产品屡有创新。中唐以后，成都与江南新兴的商业城市扬州共同成为全国经济中心。蜀锦、蜀纸、雕版印刷品、茶叶等在全国享有盛名，邛窑、青羊宫窑的瓷器在四川地区颇受欢迎。

小知识：蜀锦

四川是中国丝绸文明发源地之一，早在古蜀时期，先民就开始采桑养蚕、缫丝织锦。战国时蜀锦织造已具规模，秦汉以来，成都更以蜀锦而获"锦城"美名。由于生产工艺要求高，织造难度大，极耗工时，蜀锦可谓"寸锦寸金"。

唐代蜀锦又名蜀江锦，因织造精良、图案精美而蜚声海内外。唐朝丝绸之路畅通，蜀锦作为这条商贸通道上的重要商品，远销世界各地。同时，蜀锦也吸引了外国使节、各地商人前来，蜀地风物因此融入了众多外来文化因素。"蜀船红锦重，越橐（tuó）水沈堆"的诗句生动地描绘了蜀锦运销至扬州的场景。

釉下绿草盛绿蚁

青羊宫窑釉下绿彩高足瓷杯

隋代—唐代

口径7cm　高8cm

四川成都青羊宫窑出土

  此杯通体施釉，釉色泛白，釉面下装饰四枚大致相等间距分布的绿彩草叶纹。杯口沿下有一圈凹弦纹，喇叭形高柄足，柄部中间有一圈竹节状凸起。这种高足瓷杯造型源自西方金银质地的酒具。

  釉下彩也称"窑彩"，是用色料在已成型晾干的素坯（即半成品）上绘制各种纹饰，然后罩以白色透明釉或者其他浅色面釉，一次烧成。由于烧成后的图案被一层透明的釉膜覆盖在下边，因此表面晶莹平滑、不易磨损褪色、无铅无毒。

> **小知识：青羊宫窑**
>   青羊宫窑位于四川成都市内，始烧于南朝，结束于唐末、五代，以烧制青瓷为主，釉下彩瓷器流行于隋唐时期，包含了褐彩、绿彩、红彩等不同种类。

青羊宫窑多足瓷砚

隋代—唐代
口径42cm　底径34cm　高9.1cm
四川成都青羊宫窑出土

多足辟雍不远行

　　此砚为圆盘形、直子口，砚面居中平坦，边缘有凹槽用来储水；共有22个蹄形砚足，每个足模印凸弦纹和莲瓣纹；灰红色胎，釉色豆青，砚面不施釉，以便磨墨。

　　砚从战国时期开始即为古代书事必备之物。这种圆形、多足、砚面四周可环水一圈的砚称为辟雍砚。

　　辟雍是古代天子讲学的地方，因其四周有水、形如璧环而得名。最早是西周时期为贵族子弟设立的大学，贵族子弟从10岁开始就要寄宿于城内的"小学"，至15岁时进入郊外的"辟雍"学习。南北朝、隋唐的陶瓷工匠们，模仿辟雍设计出的辟雍砚，是魏晋隋唐时期十分流行的陶瓷砚台种类。青羊宫窑亦多生产辟雍砚，它们大小不一，小者直径仅3厘米至5厘米。此件瓷砚为青羊宫窑瓷砚产品中形体较大的。

中西合璧蜀锦重

团窠（kē）对兽纹夹联珠对鸟纹半臂

唐代
长80cm　宽65cm
征集

  半臂又称半袖，是由魏晋的上襦演变而来。它无领或翻领，有的对襟，有的套头，最大的特征是袖子只到肘部，可套在裙子外面或搭配穿在衣服里面。初唐女子多参加蹴鞠、马球等运动，半臂这种方便的服饰成为首选。它还从宫廷传入民间，成为常服的一种。

  此件半臂由两部分组成，黄地的部分是蜀锦，采用团窠对兽纹，是典型的"陵阳公样"。另一半红地部分是西域的粟特锦，又叫波斯锦，丝线采用了胭脂虫染色，颜色艳丽，经久不褪色，深受唐代达官贵人以及西域少数民族的喜欢。此件织物"中西合璧"，充分体现了唐代中西文化和经济的交流。

小知识：陵阳公样

  陵阳公样是唐代著名的纹样之一，由唐初任益州（今四川）大行台检校修造的窦师伦创设。因窦师伦被封为"陵阳公"，故称"陵阳公样"。

  陵阳公样主要花式有对锦、对稚、斗羊、翔凤、游鳞等。在传统蜀锦织造艺术上，融合吸收波斯、粟特等纹饰特点，图案活泼而富有生气。

联珠羊纹锦拼鸟纹锦

唐代
长30cm　宽31cm
征集

　　此锦由两块锦拼接而成。上面的黄地锦纹样主体由几何联珠构成外圈，圈中间为羊的形象。下面的红地锦主体纹样是联珠纹、对鸟纹及莲花形成的团窠图案，这是唐代典型的纹样。

　　联珠纹是一种具有波斯风格的纹样，为古波斯国萨珊王朝的产物，公元5至7世纪间，沿丝绸之路从西亚、中亚传入中国。唐朝初期，对外来文化兼收并蓄的态度，使后期大量异域走兽纹样出现在唐锦上。

异域花鸟入唐锦

四处闻香炉常平

镂空鎏金香囊

唐代
直径6.6cm　内部半球直径3.9cm　链长15cm
征集

　　此香囊外壁通体镂空，透雕花鸟纹，分上下两个半球，球身中部有子母口，一侧为环、钩，可以开合，一侧以活轴连接。上半球体顶部有链钩，既可悬挂，又能佩戴。下半球内部有两层同心圆机环和焚香盂，上面还留有黑色的熏烧痕迹。使用时，铆接的两个部件相互垂直，由于焚香盂与香料本身的重力作用和机环的平衡作用，能盛放香料而不因倾斜洒落，这种平衡装置的原理与现代陀螺仪的相同。

　　早在西汉人撰写的《西京杂记》一书里，便记载过类似的"高科技"：被中香炉"为机转运四周而炉体常平，可置之被褥"。意思是，这种香炉的炉体始终会保持水平方向，即便将其放在被褥中，也绝不会引燃。

　　在过去的考古发掘和博物馆陈列中，这类香囊被称为熏球或熏炉，法门寺地宫出土了两件这种造型的器物，其中的《衣物账》石碑有记载"香囊二枚重十五两三分"，经与实物对照确定其名为"香囊"。

　　在欧洲，最先提出类似设计的是文艺复兴时期的大画家、科学家达·芬奇，比我国晚了1000多年。16世纪，意大利人利用这种装置制造出陀螺平衡仪，并应用于航海。

邢窑"官"字款白瓷瓶

唐代
最大径12cm　底径8.5cm　高23cm
四川成都江南馆街出土

类雪似银魂如云

　　此白瓷瓶，腹上八道出筋，底部正中刻有"官"字，是邢窑细白瓷产品中的精品，也是我国唐代白瓷典范。

　　唐代的太官署有令、丞、监膳、监膳史、供膳的职位，负责祭祀、朝会、国宴以及供给皇帝、官员膳食的事务，所需盛装食品的器具颇多。因此，一般认为瓷器上所刻"官"字款可能是官府机构光禄寺下属的太官署的简称，"官"字款瓷器为太官署在相关瓷窑的定制品。及至宋代，"官"字款出现在更多瓷器上，除了碗、盘类的瓷器以外，诸多如盒、净瓶、瓷枕等类器物已超出太官署的常规使用范围。而这些"官"字款瓷器的出土地点，除了宫城以外，还包括官宦人家居住的地方，因此，也有人认为"官"字款代表了民间窑场的一类特殊产品，是对朝廷、官府、官家的广泛称呼。

小知识：邢窑

　　邢窑是唐五代著名的窑场，窑址在今河北省邢台市，因唐时地属邢州，故名邢窑。唐代的邢窑白瓷釉色莹润，造型优美，有"类雪""类银""轻如云魄""圆似月魂"的美誉，为北方白瓷产品的代表。

重重叠叠莲生烟

邛窑黄绿釉高足炉

晚唐—五代
口径14cm　高15cm
四川成都金河路遗址出土

　　此炉胎为砖红色，炉内壁施黄釉，腹部施绿釉。炉身通体贴塑三重仰莲瓣，每片莲瓣上以竖线为底，模印飞天图案。三重莲瓣错落有致，花瓣尖积釉，使得釉色深浅分明，颇为生动，莲瓣造型与飞天图案都显示它是一件与佛教相关联的器皿。其炉盖缺失，使用之时应是将香料置于炉内焚烧，使香气从盖上小孔徐徐散发。炉下腹部装饰一圈卷曲的叶片。此瓷炉精致美观，兼具实用价值，是邛窑瓷器中的精品。

　　此件瓷炉为邛窑低温黄绿釉产品。在唐代晚期，邛窑十方堂窑区出现了不少低温绿釉产品，并衍生出低温绿釉、黄釉同时装饰一件器物的技术。此类器物多为花口长杯、盘、炉、瓶、玩具等造型。

晶莹艳丽邛州彩

邛三彩盂

晚唐—五代

口径12cm　底径6.1cm　高9cm

四川成都指挥街遗址出土

此邛三彩盂为喇叭形敞口，薄饼足。褐胎，内外壁施明黄色釉，近足部露胎。口沿及外壁间施绿、褐双彩，釉面有开片。

水盂也叫"水丞""砚滴""水注"，是古代读书人用于砚池的贮水小罐，早在秦汉时期就已经出现。在后世的不断创烧中，它的造型种类愈加丰富多样，成为文人雅士追求悠闲优雅生活的一种表征。

小知识：邛窑

　　邛窑不是单一窑址的专名，而是邛崃境内、文化属性一致、技术相似的多处古瓷窑遗址的总称。包括十方堂、瓦窑山、尖山子等窑址。始烧于南北朝，盛于唐五代，衰于宋元之际，是四川古代青瓷窑系的代表。

　　晚唐五代时期，邛窑制造技术实现极大突破，创烧了一种高温三彩瓷器，被称为"邛三彩"。邛三彩色彩艳丽，有褐、黄、蓝、绿四色，釉色明亮稳定。不同于多为明器的唐三彩，邛三彩一般用作生活用具，深受人们喜爱。

五足飘香宋常见

邛三彩五足炉

五代
口径9cm　高6.5cm
四川成都金河路遗址出土

　　此件五足炉为香炉，砖红色胎，施明黄色釉，炉内外底露胎，口沿、炉身及足部饰黄褐、绿色双彩斑纹。五足上均模印兽首和条纹，这种宽平沿直腹五足炉是五代至宋代常见的器皿之一。

第二单元

佛寺林立

　　隋末唐初，中原动荡，高僧大多避乱入蜀，为唐代成都佛教发展奠定了基础。玄奘法师即在这一时期入蜀。此后席卷中原的安史之乱以及唐末战争导致中原衣冠避乱蜀地，名流高僧聚集成都，更促进了成都经济与文化的繁荣，影响着城市风貌。成都地区出土了大量五代时期的佛像和经幢（chuáng），经幢上有的刻有"八大菩萨"图案，有的镌刻佛顶尊胜陀罗尼经咒，均是研究唐五代时期成都佛教的重要材料。实业街福感寺遗址是成都近年来发掘的最具代表性的唐代佛寺遗址。

宝珠卷草饰庄严

菩萨头石像

隋代—唐代

高36cm　宽15cm　厚18.6cm

四川成都福感寺遗址出土

　　此件菩萨头像为红砂石质，面相饱满圆润，头梳高髻，戴化佛冠，冠中部有立佛像，佛像下为宝珠纹，周围饰卷草纹。

　　此菩萨头石像出土的遗址中也发现了刻有"传令福感寺""章仇来临"的经版以及刻有"大唐益州福"的蟠（pán）龙碑首，由此基本确定此处为福感寺遗址。"章仇"是复姓，名兼琼，曾治理蜀地，德政颇多，曾拿出自己的官俸在福感寺捐建佛塔和乐山大佛，因此后世蜀人很怀念他。

小知识：福感寺

　　据文献记载，福感寺原名大石寺，初建于两晋，盛于隋唐，因祈雨十分灵验，在初唐时期改名为福感寺。寺中常有高僧驻留，香火鼎盛，是隋唐益州名寺之一。

　　唐代晚期时，福感寺在南诏入侵成都的战火中毁坏严重，之后又受到几次大的战乱波及，逐渐衰落。目前，福感寺遗址出土了1000多块经版及大量石刻造像，并发现环绕寺院的排水沟、塔基、房址、水井等遗迹，是研究成都唐代佛寺的重要资料。

护佑众生刻经幢

经幢（chuáng）

唐代
直径34.5cm　高49cm
四川成都地区出土

　　幢原是中国古代仪仗中，在竿上加丝织物做成的旌幡，又称幢幡。佛教传入时，佛经或佛像起先便书写在幢幡上。后来，为了长久保存，又改为刻在石柱上。由于刻的主要是《佛顶尊胜陀罗尼经》，因此称为经幢。

　　此经幢为八棱柱形幢身，无幢顶和基座，每面浮雕一尊菩萨，分别为观音菩萨、弥勒菩萨、虚空藏菩萨、普贤菩萨、金刚手菩萨、文殊菩萨、除盖障菩萨、地藏菩萨，合称"八大菩萨"，不同佛典中八大菩萨的组合和次序有所差别，此经幢所刻"八大菩萨"与唐代《八大菩萨曼荼罗经》的记载一致。

第三单元
乐舞文华

唐末五代时期，成都文学艺术繁荣。贯休、韦庄、温庭筠诗文传世，花间词派影响深远。蜀乐、蜀戏风行，地区歌乐宴饮之风深植朝野，"村落闾（lǘ）巷之间，弦管歌诵，合筵社会，昼夜相接"，后人称成都为"音乐名都会"。

在前后蜀皇帝亲身参与下，用于岁时宴享的"俗乐"得到空前发展。永陵石刻二十四伎乐、赵廷隐墓出土的伎乐俑再现了这一时期的乐舞之盛。后者全身彩绘且加以描金装饰，色彩鲜艳，神态各异，是迄今西南地区发现最精美的彩绘陶质伎乐俑组合。

小知识：赵廷隐

赵廷隐（885—950年），河南开封人，五代十国时期后蜀将领。唐末时，他曾效力于宣武军，在后唐灭前蜀之战中因战功卓著，被封为节度使，后蜀建立后，又接受遗诏，成为辅政大臣。

转轴拨弦无人见

彩绘陶琵琶俑

后蜀

高59cm 宽26.9cm 厚18.5cm

四川成都龙泉驿赵廷隐墓出土

　　这件陶俑内部空心，通身彩绘。梳高髻，头插花钿（diàn），身着内白外红双层褙（bèi）子，内着白色襦裙，腰间系带，背面墨绘花草枝叶，内有红色蔽膝，下着白色双层大口裤及白色尖头鞋，怀中横抱琵琶，左手扶柱按弦，右手握拨弹奏，似乎陶醉于乐器的演奏之中。

小知识：褙子

　　褙子，又名背子、绰子，始于隋朝，流行于宋、明两朝。褙子对襟直领，领缘贯穿至衣服的底部，两侧开叉，穿着起来十分舒适，而且也利于干活，日常生活中穿着非常方便，逐渐成了大家喜爱的一类服饰。

笛音绕梁曲未终

彩绘陶吹笛男俑

后蜀

高62.1cm　宽20.8cm　厚20.2cm

四川成都龙泉驿赵廷隐墓出土

  此陶俑内部空心，通身彩绘。头戴白色幞头，身着红色圆领长衫，长及脚踝，黄色腰带，内着红色及膝裙和白色长裙，穿白色尖头鞋。此陶俑头部偏向左，嘴唇张开，双手于嘴边做吹笛状，神情专注而沉静。

> **小知识：幞头**
>
>   幞头，又名折上巾、软裹，是一种包裹头部的纱罗软巾，因幞头所用纱罗通常为青黑色，也称"乌纱"，俗称为"乌纱帽"。

风姿绰约箫声扬

彩绘陶吹排箫俑

后蜀

高60cm　宽20.3cm　厚20.6cm

四川成都龙泉驿赵廷隐墓出土

此陶俑内部空心，通身彩绘。头梳高髻，插花钿（diàn），身着外红内白双层褙（bèi）子，内着红色襦裙，胸前系带，内有红色蔽膝，下着红色双层大口裤。此陶俑双手持排箫放于嘴边做吹奏状，神情安静怡然。

> **小知识：花钿**
> 　　唐代有两种花钿，一种是贴在脸上的花饰，另一种是戴在头上的首饰。它们都因外形似花朵，被称为花钿。
> 　　头饰花钿与簪钗不同，簪钗是用来绾住头发的，而花钿直接插入绾好的发髻，起装饰的作用。

笙音袅袅若仙乐

彩绘陶吹笙女俑

后蜀

高60.6cm　宽20.7cm　厚23cm

四川成都龙泉驿赵廷隐墓出土

　　此陶俑内部空心，通身彩绘。头梳高髻，插花钿（diàn），身着双层白色褙（bèi）子，内着红色襦裙，腰间系带，内有黄色蔽膝，下着白色双层大口裤及白色尖头鞋。此陶俑双手持笙于嘴边，嘴唇微撅做吹奏状，面带微笑，似乎陶醉于乐器的演奏之中。

> **小知识：蔽膝**
> 　　蔽膝是古代中原地区一种男女皆用的服饰，用来遮盖大腿至膝盖的部位，样子类似现在的围裙，是古代遮羞物的遗制。远古时代，人们还没有发明衣服和裤子，为了保护关键部位，就用一块布围在腰间，这就是蔽膝的最初形态。后来，蔽膝向礼用转变，成了身份地位的象征。因此，上层贵族们在蔽膝的材质、纹路、图样方面下了很多功夫，蔽膝也就延续到后世。

单手持鼓映红妆

彩绘陶鸡娄鞉（táo）牢鼓俑

后蜀
高61cm　宽18.5cm　厚22.5cm
四川成都龙泉驿赵廷隐墓出土

　　此陶俑内部空心，通身彩绘。头梳高髻，插花钿，身着外红内白双层褙子，内着红色襦裙，裙上有白色圆形图案作装饰，胸前系带，内有红色蔽膝，下着白色下裙及红色尖头鞋。此陶俑左手手肘处放鸡娄鼓，手中持双层鞉牢鼓，右手扬起作击鼓状。

小知识

鞉牢鼓

　　鞉牢鼓是以一根木柄上穿1至3个小鼓，鼓侧系带小珠的短绳，当演奏者持柄左右摆动时，小珠随之摆动打击鼓面发声，其形态类似如今大家熟悉的拨浪鼓。

鸡娄鼓

　　鸡娄鼓是由西域传入中原的乐器，其形体近于球形，演奏者将鼓夹在左手肘处，右手执杖击打发声。

笑意盈盈声未央

彩绘陶击都昙鼓俑

后蜀
高59.4cm　宽21cm　厚18.5cm
四川成都龙泉驿赵廷隐墓出土

　　此陶俑内部空心，通身彩绘。头梳高髻，插花钿（diàn），身着外白内红双层褙（bèi）子，内着白色襦裙，腰间系带，内有白色蔽膝，下着红色大口裤及白色尖头鞋。此陶俑头微微偏右，面带微笑，左手扶住腰间的都昙鼓，右手抬起作敲鼓状，右手原本应该握有鼓棒。

> **小知识：都昙鼓**
> 　　都昙鼓形式腰鼓，属腰鼓类乐器。大约是公元4世纪中叶前后，随天竺（印度）献乐传入我国。隋唐时期，作为伴奏乐器使用。

六角飞扬托绝响

彩绘陶击大鼓俑

后蜀
高60cm 宽25.9cm 厚20.6cm
四川成都龙泉驿赵廷隐墓出土

　　此陶俑内部空心，通身彩绘。头上戴冠，插花钿，身着双层白色裲裆子，袖口由红色臂衣系紧，内着红色襦裙，腰间系带，内有白色蔽膝，下着白色大口裤及白色尖头鞋。此陶俑面前放置着一面鼓，鼓置于须弥座式六边形鼓架上，陶俑双手举起，右手高左手低，作握鼓棒打鼓状。

> **小知识：大鼓**
> 　　大鼓在古代武术和战争中扮演着重要角色。同时，它也是唐五代时期宫廷音乐的主要乐器之一。

后蜀传入西来舞

彩绘陶花冠女舞俑

后蜀

高46cm　宽25.9cm　厚16.1cm

四川成都龙泉驿赵廷隐墓出土

　　此陶俑内部空心，通身彩绘。舞俑头戴红色描金色鸡冠状帽，帽后披方巾。外穿红色大翻领右衽窄袖及地长袍，内着两层黄色右衽交领衬衣，外侧为短袖袍。腰束革带，带饰弦纹，后有黄色带銙（kuǎ）。足穿黄底红面尖头鞋，鞋头有金色云纹装饰。上身前躬，双手上扬，正在舞蹈。

　　陶俑正在跳的应该是柘（zhè）枝舞。柘枝舞起源于西域，古羽调有《柘枝曲》，商调有《屈柘枝》，因曲而名舞。中唐后经粟特人传入中土并迅速风靡全国。晚唐五代流行于南方地区的柘枝舞者已由男性变为女性，舞姿一方面继承了柘枝舞的刚健有力，另一方面也表现女性的妩媚柔软。五代至宋，柘枝舞逐渐由双人舞形态向队舞形态转变。宋初，柘枝舞仍然比较流行，是宫廷十大少儿队舞之一。北宋中晚期开始，柘枝舞走向衰落。自元以来，唯于词曲中存有《柘枝令》牌名，舞失传。

武士犹存当年勇

彩绘陶武士俑

后蜀
高158.4cm
宽47.9cm　厚41.3cm
四川成都龙泉驿赵廷隐墓出土

此陶俑内部空心，通身彩绘。站立于基台上，部分部位残留鎏金及黄色彩绘，头戴鎏金凤翅头鍪（móu）。内着前短后长的战袍，外穿身甲，双臂披覆各有一怒目圆睁的兽头，腰腹间围狮头抱肚，有一条飘带饰于腰带上，垂于身侧至基座，腰上系鹘（hú）尾，下身着甲裙、胫甲和战靴。陶俑身躯魁梧，威武庄严，双手向上抬起，原本手中应持武器。

小知识

头鍪

头鍪是古代军人打仗时戴的头盔，也称作胄，起源于春秋战国时期。

抱肚

抱肚的原型是战士甲胄上位于腰腹之间的围护，是为了防止腰间佩挂的武器与铁甲因碰击、摩擦而相互损坏。

鹘尾

古代甲衣腿裙边缘的叶片，为臀部护具。

第四单元
石刻艺术

前后蜀时期，四川地区石刻艺术融汇了唐代皇家陵墓石刻、佛教寺庙雕塑、民间世俗陶塑三大雕塑类型的技艺及风格。其中世俗类石刻逐渐占据优势，为宋代雕塑世俗类风格的繁荣昌盛开启了先河。前蜀永陵、后蜀和陵、后蜀张虔钊墓、后蜀孙汉韶墓均发现了大量精美石刻，极具代表性。这些石刻不仅体现了唐宋之际雕塑风格的转变，也展现出较为鲜明的世俗化倾向。

小知识：张虔钊

张虔钊（882—948年），辽州（今山西）人，五代十国时期后蜀名臣。后唐时，曾任山南西道节度使，由于后唐内乱，部下反叛，逃到成都，投奔孟知祥。孟知祥设宴招待张虔钊等人时，在席间突发重病，不久辞世。

孟知祥在世时对张虔钊极为器重，初拜节度使，统领军马，孟知祥的儿子孟昶（chǎng）继位后，又拜为中书令，相当于宰相。

金刚护法力无穷

力士像石刻

后蜀

宽28.5cm 高49cm

四川成都保和公社张虔钊墓出土

此石刻为棺床四周的装饰，棺床设在中室，为一红砂岩建筑。

床作须弥座式，床身四周有十六个长方形柱子，均以高浮雕、圆雕手法雕刻力士像。力士五官相似，神态各异，有的右手叉腰，左手托棺，或左手叉腰，右手托棺，或以手叉腰，不一而足。

力士是佛教中的护法神，他们通常被描绘为强壮、勇猛的男性形象，手持武器或者宝物来保护寺庙和信众的安全，当佛圆寂火化时，力士还会负责抬棺。

小知识：佛教装饰

力士、须弥座、莲花，这些形象的出现都与佛教有关。前蜀王建永陵、后蜀孟知祥和陵的棺床四周也出现了抬棺神像或力士像。永陵、和陵以及张虔钊墓的棺床，皆作须弥座式，并饰以仰莲及覆莲。可见，这三座墓中的装饰深受佛教影响。

小知识

前蜀

　　前蜀（907—925年）是五代十国之一，盛时疆域约为今四川大部、甘肃东南部、陕西南部、三峡地区。907年由王建所建，定都于成都，共历二主。

　　王建（847—918年），字光图，今河南舞阳人。唐末，黄巢起义军攻陷长安，王建因护驾有功，加官晋爵，后被排挤出朝，投奔成都受阻，便夺取了西川，封为蜀王，成为当时最大的割据势力之一。907年，朱温篡唐，建立后梁，唐朝灭亡。蜀王王建不承认后梁的正统性，便率领官员、百姓为已亡的唐朝痛哭三日，随后自立为帝，国号大蜀，史称前蜀。

　　王建一生征战，61岁时才当上皇帝，在位12年，葬于永陵。王建死后，王衍继位。王衍奢侈荒淫，臣僚贿赂成风，继位仅7年，就被后唐所灭。

后蜀

　　后蜀（934—965年），又称孟蜀，是五代十国之一，孟知祥所建立的政权，定都成都。

　　孟知祥（874—934年），字保胤，邢州龙冈（今河北邢台）人，五代十国时期后蜀开国皇帝。早年在晋国（后唐）深受重用，后唐灭前蜀后出任西川节度使，总管统兵。后来，渐生据蜀自立之心，不听后唐诏令，举兵反叛。934年正月，孟知祥在成都称帝，建立后蜀。他在位不到一年，以风疾死，葬于和陵。之后，其子孟昶（chǎng）继位。孟昶励精图治，维持了30多年的安宁和平。965年为北宋所灭。

蓉城

　　成都，简称"蓉"，别称蓉城、锦城。据说，五代时，后蜀皇帝孟昶的妃子花蕊夫人喜欢芙蓉花，于是皇帝命人在城墙上遍植芙蓉树。花开时节，"四十里为锦绣"，从那时开始，成都被称为芙蓉城，简称蓉城。

瑞兽飞驰戏彩云

动物画像石刻

后蜀

1. 长70cm　宽46cm　厚10cm
2. 长92.5cm　宽45.5cm　厚11.5cm
3. 长68cm　宽46.5cm　厚11.5cm
4. 长68cm　宽45.5cm　厚12cm
5. 长66cm　宽47cm　厚10cm

四川成都保和公社张虔钊墓出土

　　石刻为张虔钊墓棺床四周十六个长方形柱子之间镶嵌的壸（kǔn）门装饰，南北两面各三，东西两侧各五，共计十六方，发掘时仅发现十四方。每方壸门正面均刻有栩栩如生的动物形象，有马、狮、鹿、麒麟、貘（mò）等。这些石刻动物形象除貘和麒麟之外，其余前胯都插有双翅，有的足蹬云彩，飞驰于太空，有的则在天空中游戏，或逗耍彩球，或追逐火球。

> **小知识：壸门装饰**
> 　　壸门原指宫中道路上有拱形的门，最早来自中亚地区拱形大门上端弧状或翻卷的装饰。自汉代始，随着佛教的传播，壸门逐渐成为家具或建筑设计的灵感来源。唐代壸门圆润丰满、曲线灵动，还出现了多列门状，即每一侧都由多个壸门组成。

第五单元
宋人生活

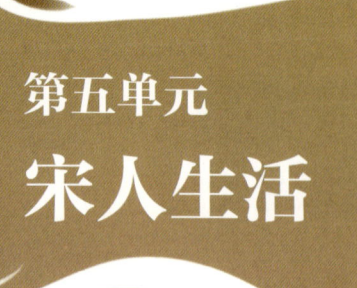

两宋时期，成都城市的日益繁荣使居民生活更加丰富多彩。游乐宴饮之风较之唐五代时期更盛，"成都游赏之盛，甲于西蜀"，"酒肆夜不扃（jiōng）"。成都出土的宋代文物种类丰富，其中不少与梳妆打扮、下棋、品香、点茶、插花等宋代生活时尚相关，是我们再现宋人生活细节的珍贵资料。

空穴通风清凉梦

定窑白瓷孩儿枕

宋代
枕面15.5cm～25.5cm　底10.6cm～18.6cm　高12.8cm
征集

　　此件孩儿枕的枕下部为一个侧卧酣睡的男童，左手枕着头，右手自然搭在胸前，身着花肚兜，双脚相叠。枕面立于腰部之上。男孩天庭饱满，两颊丰腴，表情自然安定，加上瓷胎细腻，釉色白中发暖，整体给人以柔和温馨的美感。

　　瓷枕是我国古代的夏令寝具，始创于隋代，流行于唐、宋、元间。"孩儿枕"是瓷枕的一种样式，以定窑烧制的最为著名。

陶庭院

后蜀

长146cm 宽112.5cm 高45cm

四川成都龙泉驿赵廷隐墓出土

此组陶庭院模型为一座由大门、左右楼阁、后房围合而成的围廊式建筑，庭院中有中心楼阁一座。大门为悬山顶，正面开敞，由两山进入庭院内。大门与左右楼阁以围廊连接，左右楼阁均为两层楼阁式、歇山顶建筑。

古时讲究"事死如事生"，人们将死者生前用过的东西陪葬，或者按照实物制成模型放进墓中，让死者在另一个世界享用。墓主人赵廷隐是后蜀的开国功臣，官至太尉，位列三公，此组陶庭院模型应该是按照他生前住所仿制的，房屋结构完整精致，具有典型唐代建筑风格。

后蜀贵族生前景

楚河汉界定分明

青铜象棋子

宋代

直径约1.8cm

四川成都华阳地区出土

　　此套宋代青铜象棋子共30枚。经过保护清理后发现比现代中国象棋（共32枚）少两枚"象"、一枚"炮"，多一枚"卒"。

　　据文献记载，象棋的前身是六博棋。六博棋出现在战国时期，通过投掷六根博箸（类似后世的骰子）进行游戏，所以也称"六博"。虽然玩法与现代象棋不同，但也有"将""帅"性质的棋子，以一方"将""帅"类棋子被灭而定胜负。

　　魏晋南北朝时期，六博棋被象戏取代，此时的象戏棋盘已经是正方形，并且有"马""符"等棋子。到了宋朝，象棋发展已经非常成熟，对棋子、棋盘都做了较大的改革，成为分楚河、汉界的新式棋盘。北宋末年形成了与现代中国象棋基本相同的32枚棋子的对弈模式。

　　此套象棋稍有漏缺，但从其保存下来的棋子可以推测其对弈模式应该和现代象棋基本一致。

小瓶春色一枝斜

景德镇窑青白釉花口瓷瓶

宋代
口径5.5cm　足径5.2cm　高13.5cm
四川成都簇桥公社八队出土

　　此瓷瓶通体作花瓣式造型，施青白色釉，釉色亮润。
　　瓶花出现在魏晋南北朝时期，不过那时候多是同佛教艺术联系在一起。至宋代，鲜花插瓶逐渐日常化和大众化，并且顺应家具的发展和变化，成为室内陈设的重要组成部分。
　　花瓶多为瓷瓶和铜瓶，有大瓶、小瓶之分。大瓶高度在三四十厘米或者更高，多放置在厅堂。小瓶则多放置在书房或卧室中，形体较小，一般只插一两枝花，成都地区出土花瓶以小瓶居多。
　　两宋成都花市繁盛，花卉种植技术进一步提升，也带动了瓶花艺术的发展。海棠、牡丹、芙蓉、梅花是宋代成都平原最常见的花卉品种，其中又以天彭牡丹和海棠最有名，是享誉全国的花卉名品。与牡丹相比，海棠在成都平原种植更多，以"海棠四品"风靡全国，成都城中以碧鸡坊、燕王宫的海棠最负盛名。

带流铜壶

宋代
口径7.7cm 腹颈13.3cm 底径8.2cm 高24.8cm
四川成都簇桥公社八队出土

　　此铜壶带盖，肩颈间置一扁平曲柄，柄上侧焊接一圆形小环；管状曲流，流细长较弯。器盖边缘焊接一圆形小环，盖中心有钮，钮呈尖头蘑菇状，底部以八瓣花造型卯接在器盖上。

　　宋代饮茶风气极盛，伴随着城市文化的发展，饮茶之事已经从百姓的生产、生活诸事中演化出了较为独特的茶文化，并在宋代文人刻意追逐意蕴的烹煮与饮用方式、环境、器具中，形成了饮茶的时尚与习俗。

花伴茶香烹时尚

海龟羡饮蜀中茶

玳瑁（mào）纹瓷碗

宋代
口径11.3cm　足径4.7cm　高7.9cm
四川成都金牛土桥七队出土

　　此瓷碗小圈足，施黑褐釉，釉面有黄褐色玳瑁纹样，足部无釉，釉质光亮，有细小的开片纹。

小知识：煎茶

　　茶源于中国，茶叶最开始被当作一种中药，先是生嚼，然后发展成用水煮，喝煮沸后的茶汤，这就是煎茶。汉朝以前，喝茶、喝酒、吃饭用的都是同一个器具。到了汉朝，随着饮茶之风兴起，茶具才慢慢地从其中剥离。一直到了唐朝，饮茶渐渐流行，才有了专门的茶具，称为茶碗。蜀中煎茶常放姜、盐，是较为独特的煎茶之法，至宋代逐渐演变为文人的雅好。

黑釉瓷盏

宋代
口径10.1cm　底径3.7cm　高5.5cm
四川成都簇桥公社八队出土

闻香观色文人气

此盏施黑釉，釉层肥厚，光亮润泽。

茶盏一般比饭碗小，比酒杯大。茶盏设计成这样的造型一是因为浅底散热快防烫；二是口径宽过鼻子，便于闻香；三是易于看汤色；四是造型更加轻盈优雅，充满了"文人气质"。

> **小知识：点茶**
> 　　点茶之法始于唐代，至宋代成为时尚。其法是将茶叶末放在茶碗里，注入少量沸水调成糊状，然后注入沸水，或者直接向茶碗中注入沸水，同时用茶筅搅动，茶末上浮形成粥面。

（南宋）刘松年《撵茶图》（局部）

花重锦官城：成都历史文化陈列·古代篇

五足三足可待熏

邛窑黄绿釉五足香炉

五代
直径20cm
四川成都东风大桥出土

　　此香炉为宽平沿,有五只兽足,足中部有一兽面。炉内壁施黄釉,其余部分施绿釉,釉色莹润。

景德镇窑青白釉三足鼎式瓷香炉

宋代
口径9.7cm　腹径10.2cm　通高10cm
四川成都地区出土

　　此香炉有一对扁长方形的双立耳,立于炉口沿上。口沿及外壁施釉,炉内壁无釉,釉色青白。

小知识：香炉与香事

中国用香有着悠久的历史，秦汉以前已有焚椒佩兰的记载。汉通西域、南粤以后，越来越多的香料进入中国腹地。唐宋时期海上香料运输的兴起，更使得大量外国香料传入内陆，香事逐渐融入祭祀、宴饮、祛疾、读书等人们的日常生活之中，更有爱香者，称自己有"香癖"。宋代，成都是全国香事最盛的城市之一，还形成了专门买卖香的市场——"香市"。

唐宋时期，不仅香料种类有所增加，香炉的样式也更加多样。唐宋香炉按形制大体可分为封闭式和开放式两类。封闭式香炉又常被称为"熏炉"，多在炉中燃放树脂类的香药，香烟从炉盖的镂空处散出，宋人又称其为"出香"。开放式香炉则无盖，多燃放禾本科的茅香。

成都地区的唐代香炉以直腹平沿的五足香炉最为流行，到了宋代，五足香炉仍然很受欢迎，同时受仿古、复古之风的影响，出现了仿商周时期青铜器造型的鼎式炉、鬲（lì）式炉、簋（guǐ）式炉等。

（南宋）佚名《竹涧焚香图》（局部）临摹

罗裙桃面斜插钗

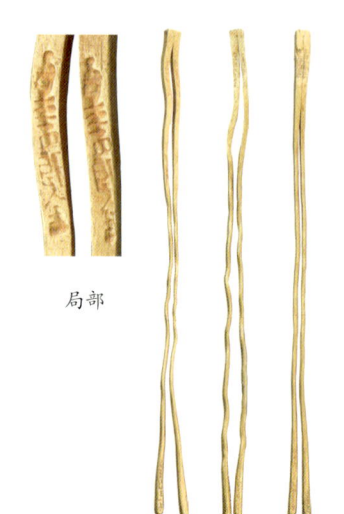

局部

金钗

宋代
均长19.9cm
四川成都金牛保和公社出土

此组钗为双股，呈"U"形。每根金钗钗头和钗尖各压印两组铭文，字迹大多已模糊不清。有两支的钗头可辨识有"李四郎"三字。

发钗是我国古代妇女常用的首饰之一，用于固定头发。工匠在生产时，常打上制作者或生产作坊的名称。

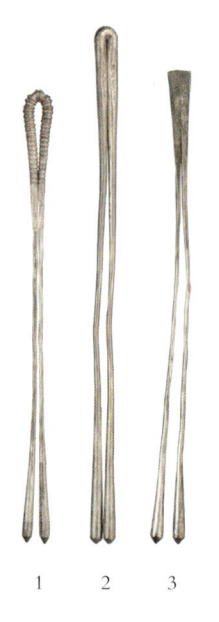

3（局部）

银钗

宋代
1.长16cm
2.长19cm
3.长17cm
四川成都双流黄佛加和四队出土

1　2　3

此组每根银钗钗身、钗尖压印铭文，字迹大多已难辨认。一支银钗上可见"□杨□郎记"印记。

簪花坐赏镜中人

金簪

宋代

长18.9cm

四川成都营门口公社前进大队出土

局部

　　此簪簪身素面，锤揲（yè）加工而成，背面錾（zàn）云气纹。簪头为高浮雕的团花，与簪身分体制作后焊为一体。簪子俗称搔头，是从"笄"发展而来的。大约从西周开始，女子年满15岁就要举行"笄礼"，称之为"及笄"——就是要把自己的头发扎成发髻，意味着成年，可以婚配。而男子在20岁时要行"弱冠"礼，戴上成年人的帽子，但身体还没有那么强壮，所以叫作弱冠。戴帽子之前，也要把头发挽起来，不管是"及笄"还是"弱冠"，束发时都要用发簪。可见，古代簪子是男女通用的。

　　簪与钗的区别是：单股为簪，双股为钗。

小知识：锤揲

　　锤揲是人类历史上最为悠久的加工金银工艺。锤和揲是两个动作，用敲击的方式使金属变薄、变形，这是利用了金银金属延展性强、质地柔软的特点，锤炼敲打成适合的形状。

　　锤揲法虽然耗费人工，但对于金银这种贵金属来说，这样加工出来的器物，材料损失较少，有很强的实用性。锤揲工艺成熟于唐代，宋代时，得到了更为巧妙的应用。

花重锦官城：成都历史文化陈列·古代篇

胭脂粉黛弄青影

景德镇窑青白瓷子母粉盒

宋代
直径8cm　口径6.8cm　高4.3cm
四川成都地区出土

　　此盒为子母口，盒盖为弧顶，模印多重菊瓣及花纹。大盒内有三个小盒，用于盛放胭脂、粉黛等化妆用品。

　　青白瓷俗称影青，因其釉白中微微闪青而得名，是宋代景德镇窑烧制成的一种具有独特风格的瓷器。青白瓷釉质透明如水，胎体质薄轻巧，薄胎的花纹在迎光下若隐若现，质感如玉，被世人称之为"假玉器"。青白瓷备受青睐，并风靡国内外，至南宋时形成了以景德镇为中心的南方青白瓷系。

小知识：梳洗理容

　　两宋时期，女子对于妆容仪表十分重视，发式多承晚唐五代遗风，理容更是其每日的必修课。她们的梳妆台上首饰丰富多样，还有粉盒、胭脂盒、油缸、妆盘、铜镜等一整套妆具。其中，金银首饰多为冠梳、钗簪、耳环、钏镯、戒指、帔（pèi）坠等。

　　除此以外，服装形式也基本承自唐代，但在具体的纹饰、色彩等方面拭去了隋唐以来繁缛的细节，更多地趋向质朴、自然的风范，以儒雅为尚。

蜀地独有宋窑白

磁峰窑花口斗笠白瓷碗

宋代
口径13.6cm 底径3.7cm 高4.2cm
四川成都地区出土

　　磁峰窑位于彭州市西北的磁峰镇，兴起于北宋中期，是成都平原唯一一处以烧白瓷为主的宋代窑场。
　　此碗为六瓣葵口斗笠状，内壁对应六条出筋装饰，施白釉。
　　受到宋代斗茶风的影响，宋人发明了一种斗笠碗，其特点为广口，斜腹壁呈45度角，小圈足。因碗倒放过来像斗笠，得名"斗笠碗"。

汉时晓镜照布衣

铜镜

宋代
直径17cm
四川雅安荥（yíng）经出土

　　此铜镜外缘凸出，环绕蟠螭（pán chī）纹，内圈以云纹为地，上饰乳钉。
　　古代铜镜一般是含锡量较高的青铜铸造。最早是商代用来祭祀的礼器，西周和春秋时仅有零星发现，到战国时才开始盛行，一般王和贵族才能享用。及至汉代，铜镜制作产生了质的飞跃，才慢慢走向民间，成为人们不可缺少的生活用具。后经唐宋时代两次发展高峰，到明清时期，随着近代玻璃的诞生，铜镜逐渐淡出历史舞台。

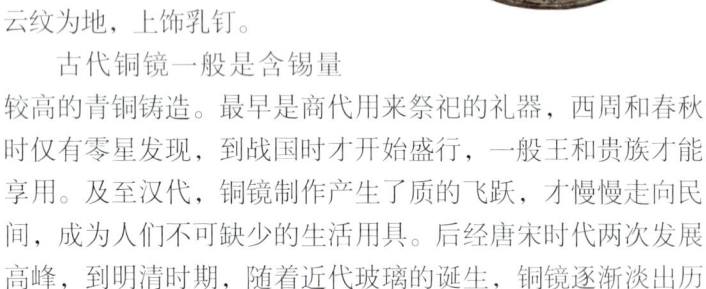

带柄铜镜

宋代
直径10.2cm　柄长9.2cm　厚0.8cm
四川成都地区出土

　　此铜镜外缘为八出葵口形，下方带一长柄，镜背绘有人物故事。
　　中国古代铜镜包括钮镜和带柄镜两大类。钮镜的镜背正中隆出一钮，以绳系穿，方便悬挂。带柄铜镜则盛于宋代，是铜镜形制上一次重大的革新，成为宋镜一大特色。

六瓣清莲似妆奁

内侧

正面

银碗

宋代
口径10cm　高5.1cm
四川成都地区出土

　　此碗碗口沿起伏不平，碗身以弧线分瓣，双层莲瓣相互叠压。分瓣线从口沿延伸至底，内底心饰凸起的六瓣花一朵。锤揲（yè）加工成型，碗身与足是分别制作后焊接而成的。

　　四川彭州宋代金银器窖藏出土的两件莲花形银盏，足部刻有"史氏妆奁（lián）"铭文，其形制、纹样与此件银碗相同。

花重锦官城：成都历史文化陈列·古代篇

金波鱼沉映谁颜

1

2

带把金杯

宋代
口径7.3cm　高4.2cm
四川成都利民巷出土

　　杯为唇口、斜弧腹，把手作繁复的朵花状。一杯身素面磨光，一杯口沿下錾（zàn）刻一圈连续的点状和弦纹，杯内底是水波鱼纹。杯身、足、把手分体制成，焊为一体。

小知识：錾刻
　　錾，是小凿子的意思、刻，就是雕刻，顾名思义，錾刻就是指先凿后雕，延伸为按照拟定图案在金属器具上使用小凿雕刻。
　　錾刻同样是利用金、银、铜等金属材料的延展性的一门中国传统手工技艺。制作时，工匠按照设计好的图纸，使用錾子和锤子等特制工具，在金属表面加工出凹凸不一、深浅有致的纹饰和图案。

邛窑乳浊绿釉瓜棱瓷注壶

南宋
腹径17cm　高16cm
四川邛崃邛窑遗址出土

　　此壶身成八棱瓜瓣形，曲流，弓形扁条状柄，柄上模印卷草纹图案，施乳浊绿釉。晚唐以后，邛窑开始生产乳浊釉瓷器。此类瓷器兴起之初，以青黄、青绿等色为主调。入宋后，淡雅含蓄的月白、天青、蓝绿、青绿等色彩受到人们的喜爱。瓜棱壶是四川地区五代至北宋常见的器物。

　　注壶，至少始于晚唐，盛行于五代至宋元时代。唐代早期，注壶器身矮胖鼓腹，流口和颈部均较短。晚唐、五代时，器身渐长，颈部加高微细，显得轻盈秀丽。宋代时，酒注更为流行，壶身也更趋瘦长，流、口和柄越发纤细，器形修长秀美，并且还给酒注配备了温碗。

月白天青惹人爱

凤鸟葵花纹铜镜

南宋
直径18cm
四川成都金牛范元嘉墓出土

　　此八出葵花形镜，圆形钮，边缘饰一圈凸弦纹。主体纹饰为双凤鸟，以钮为中心，两只凤鸟同向绕钮齐飞，凤尾化作卷草纹，身姿舒展灵动。

　　凤鸟被古人视为吉祥和幸福的象征。我国最早出现的凤鸟纹要追溯到3000多年前的商代。殷商人非常崇拜凤鸟，西周时期，周人建国后对凤的崇拜达到了极盛的地步，曾有"凤鸣岐山"传说。

双凤齐飞绕团圆

第六单元
蜀中货币

两宋时期，黄河、长江以北先后被辽金占据，成都平原成为宋王朝在西南地区的军事、经济中心，其交通枢纽的地位更加凸显。宋代成都云集了不少富商大贾，大宗茶叶、粮食、布匹、药材或从岷江、嘉陵江水路转运东南，或从陆路茶马古道而达西北，而外来的香料、瓷器、金银器等珍贵商品也通过水陆交通来到成都平原销售，促进了成都商品经济进一步发展繁荣。同时，为适应大宗贸易需要，成都诞生了世界最早纸币——交子。

小知识：交子

北宋初，为适应大宗商品贸易需要，成都民间出现"交子铺户"。景德（1004—1007年）年间，益州知府授权民间发行交子，天圣元年（1023年）置"益州交子务"，次年发行交子，世界上最早由官方发行的纸币出现。

行商在外需纳税

"李四郎金"金牌

宋代
长5.2cm　宽3.2cm
四川成都金牛保和公社出土

　　此金牌略呈长方形，上部凸起半圆，中间有一环。金牌下端左右分别錾（zàn）有"□李四郎金"印记，中间錾有"八六出门□"印记。这批金牌与金铤（dìng）大多錾刻有文字，内容分为两类：一类是表明金匠或金铺名字的如"李四郎"，还有一类是"出门"印记。宋代的金牌与金铤上的錾刻文字一般涉及地名、铺名、工匠姓名、黄金成色等，同时还有一些特殊用途的印记，如此块金牌上的"八六出门"字样。

　　"八六"指的是黄金成色，"出门"则与税收有关。考古资料显示，成都地区出土的"出门"金牌、金铤并非孤例，安徽、江苏、河南等地发现的银铤、金牌及金钗上也有相似的印记，如"出门税""出门费""出门""出门金"等，且数量更多。

　　两宋时期出门做生意，行商要交纳"出门税"，方式就是在各城门口设置税卡，向行商"逐门收税"。此枚"李四郎金"金牌，是宋代经济税制的重要实证，对研究宋代经济具有较高的价值。

金银铸造私家号

"晋姚九郎金"金牌

宋代
长9.7cm　宽2.7cm
四川成都金牛保和公社出土

　　此金牌左右两端及中部錾刻多处"晋姚九郎金"印记，中部还可见"出门"字样。

　　宋代金牌铸有姓氏或名号，表明这些金银为私营铺号铸造。其实，宋代金银铺号大多是私立的，而且这些铺号受到官方认可、鼓励和监督，因为官方可以从金银铺中收取一定比例税金。在金银上留下店铺商号或工匠人名，也有利于维护声誉和监督产品质量。

　　在生活用品和工艺品及金银首饰上打上或烧制上地名或工匠人名，在我国古代很早就有惯例。到了两宋时代，随着经贸的发展，更加风行。

　　金牌上"晋姚九郎金"中的晋州辖境相当今山西境内部分地区。宋徽宗时期，撤销晋州升格为平阳府。据此可以认定，姚九郎金牌应是北宋时期铸造的，北宋时期的金牌出土文物极其少见，因此尤显珍稀。

南宋盐税入纳银

1

2

银锭

南宋
长10.2cm～11.4cm　厚1.7cm～2.3cm
四川成都地区出土

  此二件银锭均为弧首，束腰，中间内凹。左图银锭錾（zàn）有铭文"解盐使司入纳银计重伍拾两□□□五禾库官王武□行人李中"。

  "解盐使司"即"提举制置解盐司"，是宋朝设置的掌盐泽之禁令的官职。"入纳银"表明是收纳的盐税钱，"库官"应为管理钱库的官吏，"行人"是检验银铤（dìng）质量的官吏。

  右图银锭上錾有铭文"南平军发庆元二年夏季经总艮二十五两专库张□□天库官邓行人楥林嵩看重二十六两六铢"。"南平军"是宋代行政区划，军治在古恭州南川县铜佛坝〔今重庆綦（qí）江区〕。"经总艮"即"经总银"，是宋代各地方支付军政费及筹措经费而加征税收的总名目。银锭上的铭文反映了南宋繁多的税种。

第四篇

丹楼生晚辉

——明清时期的成都

> 锦波澄霁色，丹楼生晚辉。
> ——（明）杨慎《锦城夕》

明清时期的成都既是四川的省会，又是中央政权在西南地区的支撑点，发挥着首领西南的巨大作用。此时的成都农耕发达，工商繁荣，城市风光秀美，各类人才辈出，是名副其实的天府之国。在明清厅展示有明蜀王府建筑构件及模型，能遥想明代蜀王府之盛景。大量明代陶俑、精美的明代金器、玉器、瓷器体现了明代成都的繁华。清代种类繁多的瓷器、做工精致的鼻烟壶、饰品等反映了清代成都发达的商贸业。

明朝时期，平定大夏政权后，成都作为四川行省治所，成为明太祖朱元璋在西南改革军政、推行政令的中心。明政府组织外省移民填川，修筑包砖城墙，进行城市重建，使成都从元末明初的动乱中很快恢复和发展起来。

明代的成都经济文化持续发展，生活内涵日益丰富。明末清初，张献忠攻入四川，于成都称帝，建立大西政权，后在与清军交战中弃城北上，曾屠城焚市，成都经历了空前浩劫。

明末战乱平息以后，清政府竭力恢复四川地区的政治、经济、文化，使天府之国重新崛起。清政府在成都修建"满城"，重兵布防，令成都重新发挥起首领西南的重要作用。在"湖广填四川"的移民浪潮中，成都社会经济的繁荣与文化教育的复兴再度强化了其作为西南地区政治、经济、文化重镇的地位。清代，成都最终在多元融汇、兼容开放的文化大格局下迈向近代。

第一单元
蜀王遗宝

第一代蜀王朱椿到成都就藩后，休养生息，施惠于民，开创了崇儒重道、博学善文、热心城市公益建设的良好传统，"蜀人由此安业，日益殷富"。历代蜀王死后多葬于城郊。其王陵模拟地上王府的规制营建布局，犹如一座座地下宫殿，是当年蜀府生活场景的高度浓缩和逼真再现。蜀藩陵墓中出土的金玉器，则是昔日蜀王权力与地位的象征。

镶宝石鎏金铜带钩

明代
长14.3cm 宽1.6cm
四川成都洞子口出土

此带钩雕有龙首，额顶处镶嵌了2颗宝石，可惜一长方形宝石已脱落，只剩下圆形红宝石。钩体略呈琵琶形，弯曲弧度较大，钩面布满细密镂孔，上间隔镶嵌大小红蓝宝石10颗，现仅存6颗。带钩整体造型流畅，体现了明代金银器高超的制作工艺。

锦衣盘囊系龙首

侧　正

冠冕有制休僭越

镶宝石金束发冠

明代

长4.6cm　宽4cm　高3.6cm

四川成都洞子口出土

　　此冠两侧有穿孔，贯簪以固定发冠，金簪簪首为覆莲座造型。冠以金打作五梁，被称为梁冠，是束发冠最常见的形式。冠顶镶嵌三颗宝石，正中为长方形蓝宝石，两侧为圆形红宝石。冠正面、背面各镶嵌有一颗宝石，均已遗失。宝石下浅刻"西方净土"四字。

　　束发冠指束在发髻上的发罩，属闲居之服，不拘礼仪。束发冠最早出现于五代，宋代以后使用者渐多，至明代尤为盛行。

小知识：发冠

　　中国古代的冠制是中国服饰制度的一个重要组成部分，是区分品级身份的基本标志之一。帝王专用者称"冕"，皇子继承皇位时加"冕"；士大夫所戴的才叫"冠"，后来互用。汉代以前，只有士大夫才有资格戴冠，庶民只能以巾裹头。无论男女，冠都是身份与地位的象征，任何人不得轻视，不得僭越。冠冕制度直到清朝灭亡、民国建立才被取消。

苍龙教子代代传

苍龙教子玉带钩

明代

长11.9cm　宽2.3cm

四川成都猛追湾出土

　　此玉带钩雕刻为"苍龙教子"之主题，玉质温润，工艺精湛，构思巧妙。此造型是由大小两条龙组成，喻父子二人，强调父辈言传身教的重要性。

谷圭七寸天子聘

谷纹玉圭

明代

长16.2cm　宽4.5cm　厚0.8cm

四川成都龙泉驿十陵镇出土

　　此玉圭为青玉质，双面雕刻谷纹。谷纹玉圭早在《周礼·考工记》就有记载："谷圭七寸，天子以聘女。"说明这种谷纹玉圭是当时天子下聘时的"彩礼"，到明代时谷纹玉圭也有类似的用法，据《明会典》的记述，谷纹玉圭是亲王纳妃的定亲礼物，也是亲王妃参与受册、助祭、朝会等仪典活动的必备礼器。

第二单元
错彩镂金

明代金银器制作工艺可谓登峰造极，锤揲（yè）、镶嵌、累丝、掐丝、炸珠等细工工艺在首饰制作中的巧妙运用，使得明代金银首饰种类与样式极为丰富，尽显其精致华美。成都地区出土的金银帽饰、耳环与发饰，类型多样，制作精湛，体现了明代金银器独特的艺术魅力，同时也反映出明代成都商品经济发达、生活内涵丰富的时代特点。

菱形花金冠饰

明代
长3.8cm 宽3cm 厚0.3cm
四川成都横九龙街出土

花中隐士饰金冠

此冠饰为菱形薄片状，边缘有四个小穿孔间隔分布，饰片中部以锤揲工艺打制出菊花纹样。

菊花纹是中国传统纹样之一，备受文人喜爱，菊花被誉为"花中隐士"，是高风亮节的象征，也有长寿的寓意。从唐代起，菊花纹便广泛装饰于服饰、陶瓷等领域。明代菊花纹饰以明早、中期较为常见，尤其在洪武、永乐、宣德三个时期颇为盛行，其中洪武时期最盛。

云生祥雨润万物

卷云形金冠饰

明代
长3.9cm　宽1.4cm　厚0.3cm
四川成都簇桥乡出土

　　此冠饰为卷云形薄片状，以锤揲（yè）工艺制作。
　　云纹蕴涵着中华民族的文化理念和审美精神，最早的雏形可以追溯到新石器时期出现在彩陶上的涡旋纹。
　　商周时期演化为云雷纹，这是古人对于云最朴素的认知，认为云和雨能够滋润万物，于是对云产生了崇拜和敬畏之感。
　　秦汉时期，云纹开始有了动感和曲线美，演变成了卷云纹，以此描绘如梦如幻的仙境。
　　魏晋南北朝到隋唐时，随着佛教的传入和兴盛，出现了拖着长尾的飘带云纹，烘托出佛像、壁画飞天的飘逸灵动。
　　明清时期，云纹更加精致细腻，呈团块状，有一种典雅的凝聚感和厚重感。

蝙蝠纹金耳钉

明代
单只直径1.7cm
征集

此副耳钉主体有两层，双面都是以金片锤揲出的蝙蝠形，再以金丝镶边。此耳环造型小巧生动，制作工艺复杂，是明代首饰中的精品。

蝙蝠纹是中国传统纹样，"蝙蝠"谐音通"遍福"，即"遍地是福"，可表祈福纳吉之意。蝙蝠纹样也可与其他纹样组合出现，比如蝙蝠与铜钱组合寓意"福在眼前"，蝙蝠与桂花组合寓意"福增贵子"。

遍地是福纳吉祥

累丝金耳环

明代
单只直径2cm
征集

此副耳环主体为金丝编结焊接成的镂空长方形薄片。薄片弯曲，与耳针重叠，使耳环整体呈圆环状。

累丝工艺又名"花作"或"花纹"，是有记录可查的最早的珠宝制造工艺之一。它是将金银拉成丝，再将其编成辫股或各种网状组织，塑造成不同的形状，焊接于器物之上。

金丝银丝巧手成

玲珑奇巧居心中

"寿"字金挑心

明代
长5.1cm
征集

挑心是明代妇女的一种发饰，是明代妇女头面的重头戏，通常簪戴在发髻正中，簪首以佛像、仙人、梵文、凤凰等题材最为常见。

此件挑心簪首在薄金片上镂刻出"寿"字纹样，"寿"字左右腰间各增加一卷云纹，一端更变形为云纹，为具有美好寓意的发饰增添了装饰效果。

金凤栖头羽翩翩

凤头金钗

明代

长17.3cm 宽4.6cm～5.2cm 高1.7cm～2.3cm

成都桂溪公社出土

此对金钗的钗头为凤形，与钗身套接，作颔（hàn）首扬尾状。

第三单元
明瓷撷英

明清时期是我国古代制瓷业发展的又一高峰，是中国工艺美术史上光辉灿烂的一页。明代成都地区出土瓷器多来自外地名窑，其中以江西景德镇民窑生产的青花瓷器最为常见，另有部分龙泉青瓷，以及景德镇窑白釉、哥釉、蓝釉、青白釉和珐华器。

青花"福寿康宁"带盖瓷瓶

明代
径16.4cm　高30.6cm
四川成都新北小区出土

此瓷瓶为宝珠钮，盖身饰花楸格纹，瓶颈部饰卷曲纹，肩部饰六片如意云头开光，内饰绣球纹。腹部主题纹饰为书写于圆圈内的"福、寿、康、宁"四字，下腹部饰山石海涛纹，胫足部饰变形莲纹一周。底款有"富贵佳器"四字篆书。景德镇窑产品。

此瓶寓意吉祥，寄托着对长辈的祝福。展厅里不少明、清瓷器上都可以看到，有不同形态的"寿"纹搭配寓意吉祥的蝙蝠、植物等纹样，表达着人们祈福求寿、期盼永恒的美好愿望。

富贵佳器盼永恒

一团蓝彩映碧天

孔雀蓝釉瓷碗

明代

高5.8cm　口径14.1cm　底径5.2cm

　　孔雀蓝釉是以铜元素为着色剂，烧制后呈现亮蓝色调的低温彩釉。此碗色彩亮丽，通体有细小圆点状开片。

珐华堆塑狮纹带盖炉

明代

长19.2cm　宽9.8cm　高16.7cm

四川成都红牌楼出土

　　此盖炉炉身为圆角长方形，双立耳，兽头纹柱形足。通体施蓝釉，盖面中部、口部、炉口、兽首处施墨蓝色釉。炉盖略作弧形隆起，镂空球形钮，两侧堆塑鎏金卧狮，盖面饰变形云头纹，炉身外壁满布卷草藤蔓纹。

名窑出自兄弟手

哥釉瓷执壶

明代
口径4.9cm　底径5.8cm　高17.3cm
四川成都和平公社出土

　　此壶直口，长流，八棱腹，浅圈足，平板形柿顶盖。釉面开片粗细相间，有哥釉特征，为景德镇窑产品。
　　哥釉原本是指哥窑生产的瓷器釉色，哥窑是宋代五大名窑之一。明初有好古之风，出现了不少仿宋代官窑的作品，其中就包括哥釉。

小知识：哥釉瓷器

　　哥釉瓷器除了釉色沉厚细腻、光泽莹润外，最显著的特征是釉面间有大小不一的冰裂状开片网纹，其网纹之色浅黄者宛若金丝，细黑者如铁线，二者互相交织，因而名为"金丝铁线"。这种纹路是烧制过程中釉层的收缩和膨胀而形成的。

葡莲卷草绕瓷间

青花卷草纹瓷执壶

明代

径12.4cm　高20.3cm

四川成都营门口公社出土

  此执壶为平板形柿顶，长颈，长流，环形执把。颈上部饰蕉叶纹，下部为菊纹，其间回字纹。上腹绘折枝菊花纹和一周变形花瓣纹，主题纹饰为缠枝葡萄花果纹，其下绘变形莲瓣纹，曲流上饰火焰纹，是景德镇窑产品。

小知识：卷草纹

  卷草纹，是直到今天都很常见的瓷器纹样，主要是以忍冬、荷花、兰花、牡丹等花卉为原型，呈现为波浪形连续排列的带状图案。

第四单元
明俑集珍

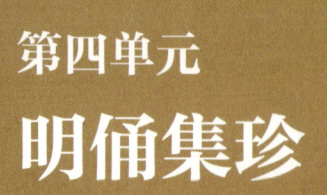

　　明代高等级墓葬中常见规模庞大的陪葬俑群，多为陶质，也有木质，多者可达数百件。成都地区明代陶俑大多为成都琉璃厂窑产品，多出土于蜀藩王陵和蜀府宦官墓，主要有文官俑、武士俑、乐俑、侍从俑、骑马俑等。各类陶俑容貌体态各异，造型生动精准，服饰冠帽各显身份，反映出明代陶俑制作的高超艺术水准。它们在墓葬中多按其身份排布，组成了浩大整齐的地下仪仗队。

> **小知识：兜鍪（móu）与顿项**
> 　　战国时期，铁制的护头装具开始出现，因其外形近似炊具"鍪"而得名"兜鍪"。秦统一全国后，兜鍪继承了战国铁兜鍪的形制，并逐渐定型。
> 　　大约在西汉时期，兜鍪后侧出现了披垂的护项甲，后来发展为"顿项"。为减少顿项与肩背甲之间的摩擦阻力，宋代武将开始在肩部披戴项巾，以此保护脖颈。

将军已逝雄风在

彩绘陶将军俑
明代
高91cm 底边长33.5cm
四川成都潘家沟出土

　　此陶俑端立于朱红色正方形台座上。黑髯（rán）红唇，怒目圆睁，头戴凤翅兜鍪，后缀顿项。肩披项巾，巾上绘红点花纹。披镶红边黄褐色身甲，着浅黄色窄袖战袍，腰系带，朱红色腿裙下露出身甲，足着黑靴。双手上下叠放于胸前呈握执状，所执物已失。

彩釉陶侍从俑／彩釉陶马

明代
陶侍从俑，高34.1cm　宽17.6cm　厚10.6cm
陶马，高25.8cm　宽25.5cm　厚8.8cm
四川成都五里墩出土

　　侍从俑立于正方形蓝釉台座上，头部与手、足均未施釉。圆脸大耳，头戴圆顶笠帽，着右衽窄袖长袍，袍施深蓝色彩釉，腰束浅蓝色绦带。马端立于长方形台座上，通体施天蓝色釉，佩鞍鞯（jiān），马鬃施深蓝釉，双耳均缺失。侍从俑一手扶腰带，一手高抬，偏头望向抬手方向，作牵引状，似在观瞧所牵骏马，应与同墓所出彩釉陶马配套。此为琉璃厂窑产品。

　　琉璃厂窑又称华阳窑，在四川华阳县。始烧于五代，盛于宋代，衰落于明代，历时七百多年，以其规模宏大、产品优良、品种繁多而成为蜀地著名的古陶瓷窑场之一。

蜀地古窑七百年

深蓝浅蓝浑天成

彩釉陶侍从俑

明代

高35.1cm 宽14.4cm 厚9.6cm

四川成都五里墩出土

　　此俑立于正方形蓝釉台座上，头部与手、足均未施釉。圆脸大耳，头戴圆顶笠帽，着右衽窄袖长袍，袍施天蓝色彩釉，腰束深蓝色绦带，大肚微垂。一手高举于肩上，另一手扶腰带，应属抬轿侍从。

　　整个陶俑造型准确、刻画细致，生动传神，反映了明代陶俑制作高超的艺术水准。

第五单元
清瓷荟萃

清代瓷器烧造技术进一步提高，釉下彩、釉上彩和颜色釉瓷器工艺之精湛，品种之繁多，前所未有。从成都博物馆馆藏清瓷可一睹清代瓷器百花盛放、竞艳斗彩之盛景。

粉青釉瓷琮（cóng）式瓶

清代
腹宽13.8cm　高27.6cm

此瓶仿照玉琮的样式，整体呈方柱形，四面均饰八卦纹，通体施粉青釉。

礼天祭地五千年

小知识：玉琮

玉琮是一种内圆外方的筒形玉器，早在距今约5000年的良渚文化中就已大量出现，是古代文献中祭地的礼器。琮式瓶在形制上模仿玉琮，以内圆外方为基本造型，方身圆口，并增加了圈足和底。南宋开始出现瓷质琮式瓶，明清两代瓷质琮式瓶的造型、工艺亦有所变化发展。

粉彩皮球花纹瓷碗

清代

口径10.1cm　高6.1cm

　　此组碗的外壁绘数组粉彩皮球花纹，外底青花两行四字款"同治年制"。这些皮球花纹虽然花样百出，色彩众多，非但不喧闹，还显得娴静素雅。

　　皮球花纹是把各种花卉纹样统一变成圆形，像一个个色彩缤纷的小皮球。此花纹在雍正、乾隆两朝十分流行，且多出现于粉彩瓷器上。自乾隆时期起，景德镇也开始大量烧造皮球花纹的民窑瓷器。

花样百出生素静

一对『清廉』常提醒

青花缠枝莲纹瓷赏瓶

清代
腹径19.3cm　高38.8cm

　　此瓶口部饰如意云头纹，颈部饰蕉叶纹，肩部饰缠枝花卉纹与如意云头纹各一周，主题纹饰是位于中腹的缠枝莲纹，腹底饰变形莲纹，圈足饰一周卷草纹，为景德镇窑产品。

> **小知识：赏瓶**
> 　　赏瓶创烧于雍正朝，一直延续到清末，起初被称为"玉堂春瓶"，因其多以青花绘缠枝莲纹，寓意"清廉"，故常被帝王用作赏赐用瓷，以期臣下清正廉洁，故也称"赏瓶"。

粉彩云蝠纹瓷赏瓶

清代

腹径19.4cm　高38.6cm

此瓶从口部到腹底饰有如意云头纹、缠枝花卉纹、变形莲纹、云蝠组合纹等，色彩艳丽，图纹丰富，寓意吉祥。

深浅五彩淡淡匀

窑变釉瓷穿带瓶

清代

腹宽15.8cm　高30cm

此瓶体呈四方形，直口，斜肩，鼓腹，圈足，颈左右各有一筒状贯耳。器身施绛红釉，釉色窑变，色彩层次丰富，口部釉色作青白色。

穿带瓶因其颈部两侧饰对称贯耳，贯耳中空，可上下穿带，故又称"贯耳瓶"。

贯耳专属非常人

小知识：粉彩

粉彩又被称为"软彩"，是釉上彩瓷器的一个品种，也是我国陶瓷彩绘艺术中较为古老的装饰方法。粉彩瓷创烧于康熙晚期，成熟于雍正、乾隆两代。粉彩瓷看起来有粉润之感，是因为制作粉彩瓷时，先要用含砷的玻璃白打底，然后将颜料施于这层玻璃白之上，由于玻璃白有不透明的感觉，与各种色彩相融合后，色彩会变成不透明的浅色调，因此看起来柔和而莹亮，富有浓淡明暗的变化，具有立体感。

花重锦官城：成都历史文化陈列·古代篇　205

第六单元
袖珍琳琅

　　清代成都城市经济繁荣，商业兴盛，店铺鳞次栉（zhì）比，并形成专业市场。成都集中出土的清代烟嘴与鼻烟壶，除瓷质、玻璃外，多用美玉玛瑙。匠人在小巧玲珑的器具上展示着卓越的瓷艺、雕工与画技，它们或简洁雅致，或繁复精美，既是实用器，也是多姿多彩的工艺美术品。

玉烟嘴
清代
直径1.5cm～2.5cm
高2.2cm～8.6cm
四川成都四川宾馆出土

一支玉烟常消遣

　　这组烟嘴有翡翠质、玉质，都是圆嘴沿，造型或典雅大方，或灵巧可爱。

　　大约在明朝万历年间，烟草传入中国，在此之前，中国人是不抽烟的。随着烟草种植面积不断扩大，吸食旱烟成了国人茶余饭后的消遣方式，烟具也便随之产生了。旱烟烟具是由烟嘴、烟杆、烟锅及烟袋等部分组成。其中烟嘴的取材十分广泛，包括竹木牙角、玉石金属等。其中，玉烟嘴不仅是吸食烟草的实用之物，更成为上层社会把玩之物。

206　成都博物馆

工艺大成集一身

玛瑙鼻烟壶

清代
高5.9cm 宽5.2cm 厚3.2cm
四川成都四川宾馆出土

　　这件鼻烟壶为玛瑙材质，工匠利用巧色工艺巧妙地将两面的杂色分别雕刻出顽童牵狗和三虎嬉戏的画面。

　　鼻烟壶指的是盛鼻烟的容器。鼻烟是将优质烟草叶研磨成粉，辅以麝香等珍贵药材，放在密闭容器中经长时间陈化而成，以鼻吸用的烟草制品。明末清初，鼻烟传入中国时，一般使用玻璃瓶装盛。后来，盛放鼻烟的器具渐渐东方化，产生了鼻烟壶。现在，人们使用鼻烟的习惯近乎绝迹，但鼻烟壶却作为一种精美艺术品流传下来，被誉为"集中各国多种工艺之大成的袖珍艺术品"。

四川
第六次勸業會
來古市
新三市以開會

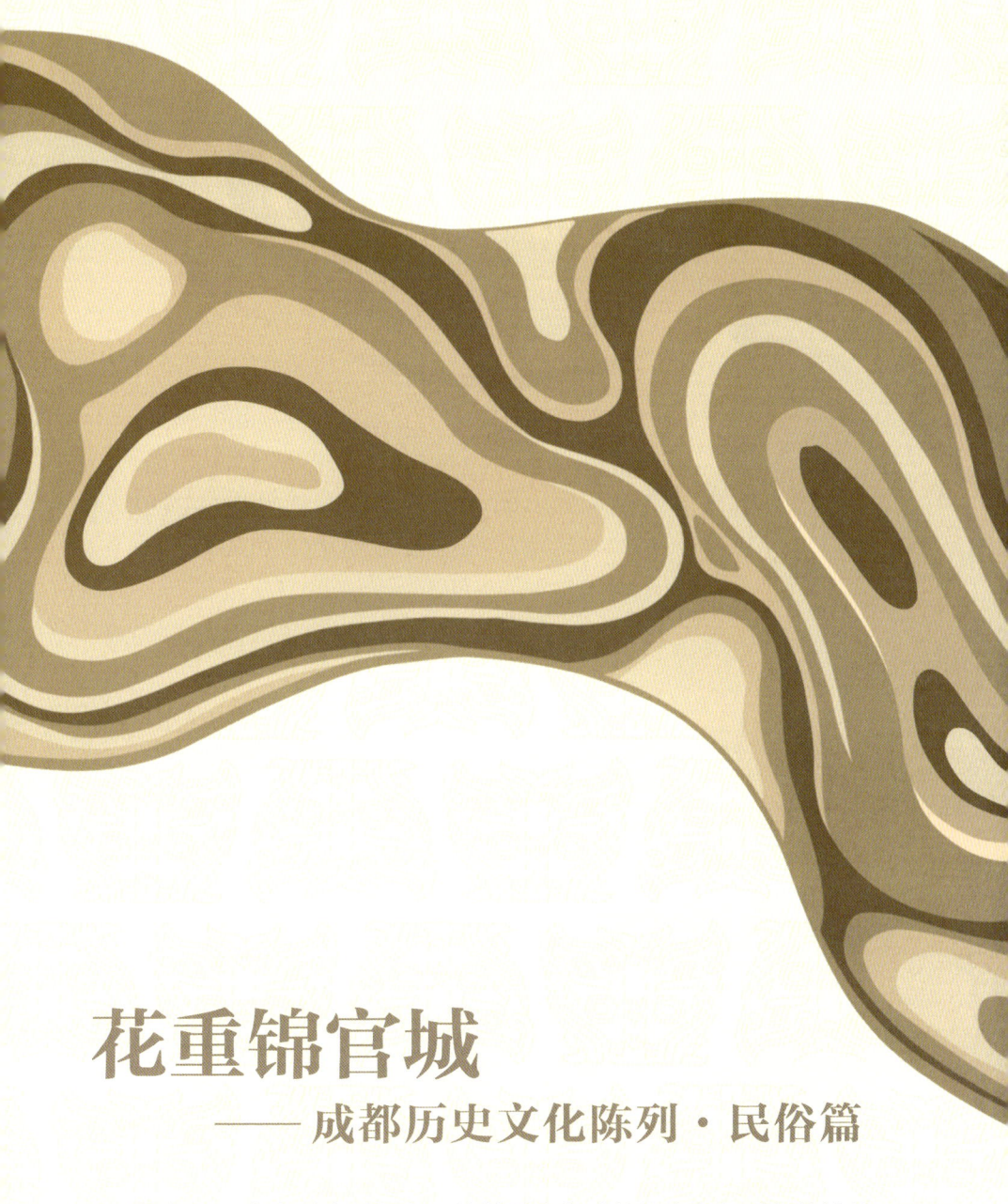

花重锦官城
——成都历史文化陈列·民俗篇

漫长的城市文明发展历程,铸就了成都独特的人文气质与精神风貌。成都人海纳百川的胸怀、闲适从容的生活态度,在岁月中沉淀下来,凝结于市井里巷,融汇入民生百业,浸润在美食香茗,成为城市文化传承的活态基因。

第一单元
走进老成都

成都纵横交错的大街小巷，不仅演绎了波澜壮阔的历史风云、兴衰沉浮的家庭变迁，也隐藏着千千万万成都人的喜怒哀乐。

一件件旧时物品，无不镌刻着岁月的痕迹，勾起人们对老成都的难忘记忆。

老成都街景

街巷故事

街巷是城市的缩影。独具特色的建筑,传承有序的地名,熙熙攘攘的人群,姿态各异的百工百业,将湮没于历史尘埃的故事娓娓道来。

老成都街景

生活掠影

这里陈列的是民国时期展品,每一件老用具,每一张老照片,都记录着往昔民风民俗的点滴。旧日生活情趣跃然其中,传递出这座城市独特的历史文化信息,让当下的我们能够一窥百年前的服饰、建筑、家具等,体会老成都市民的生活百态。

"花重锦官城"——成都历史文化陈列·民俗篇展厅实景(临摹)

花重锦官城:成都历史文化陈列·民俗篇　211

第二单元
川人尚滋味

成都人崇尚美食的习俗由来已久。清初"湖广填四川"更带来八方食材与食俗，南北菜系交融、烹饪技艺竞展。清末民国，川菜形成了百菜百味，一菜一格，以"味道"著称的"川味正宗"。从公馆菜肴到坝坝筵席，从家常风味到街头小吃，麻辣烫鲜咸集，酸甜咸香兼备。

食味代变

早在汉晋时期，即有成都人"尚滋味""好辛香"的记载；唐宋经济繁荣，成都美食已有"川饭""川食"专称，宋时都城"汴梁"（今河南开封）有"川饭店"。清代是川菜融合各方集大成时期。外域辣椒的加入奠定了川菜麻辣兼备的特色；各地名厨入川，成就了川菜南北并蓄的风格。

汉晋

汉晋时期，蜀地饮食业兴旺，菜点丰富，筵宴初备，"尚滋味""好辛香"的饮食风格初步形成。

宴饮画像砖拓片

唐宋

唐宋时期，蜀地经济蓬勃发展，饮食文化蔚为大观。菜点制作精巧味美，筵宴形式独具特色，许多文人墨客都曾对成都饮食和习俗作过生动的描述和赞美，"川饭""川食"在巴蜀之外颇具影响。

| 花椒 | 姜 | 蒜 | 茱萸 |

> **小知识：花椒与辣椒**
>
> 四川是花椒最重要的产地。辣椒传入前，花椒与姜、食茱萸（yú）、扶留藤、大蒜等是蜀地主要辛辣调料。
>
> 辣椒原产于美洲，明代传入中国东南沿海，清初进入四川，并与本土辛辣调料花椒结合，形成了麻辣口味——这是川菜最具特色且影响最广的味型。清乾隆十四年（1749年）《大邑县志》中的记载，是四川食用辣椒最早的记载。

元明清

宋末元初，长达数十年的战争使成都饮食文化遭受重创。明代，成都社会经济得到恢复，餐饮又有发展，出现如"川猪头""青精饭"等名食。

明末清初，成都再度出现连年战乱，到清顺治三年（1646年），成都全城摧毁殆尽。为了重振四川的社会经济，清朝统治者采取了"湖广填四川"的移民政策，四川的经济逐渐恢复。到了康熙后期，成都人口众多，商业繁荣，成都川菜也迎来复兴和发展。

近代

1840年以后，中国社会急剧变革，成都的内外环境变化，本地饮食与外来饮食汇集、融合，促进了近代成都川菜的成熟和定型。

民国时期，成都饮食更加丰富，种类繁多，异彩纷呈。近代成都的饮食风尚、川菜特色一直发展并延续到现在，为现代川菜的繁荣创新奠定了坚实的基础。

川味正宗

清代中后期，川菜走向兴盛。中高档餐馆聚集了众多名厨，他们吸收各地先进技艺，结合四川特点，改进烹饪方法，创制了一大批清鲜与醇浓并重的中高档菜肴，并形成了包席馆、特色菜馆等餐馆风格，对川菜定型起到了决定性作用。

小知识：川菜群英汇

川菜名人

李调元（1734—1802年），四川罗江人，清代四川戏曲理论家、诗人。他不仅整理刊印了其父手稿《醒园录》，还在自己的其他著作中提及众多民间菜肴，为川菜的发展与完善奠定了理论基础。

川菜名品

宫保鸡丁，由清朝丁宝桢（zhēn）所创。丁宝桢（1820—1886年），贵州平远人。官至四川总督，加"太子少保"衔，故又称丁宫保。川菜"宫保鸡丁"，原系贵州民间的辣子鸡丁，因丁府中擅作此菜，对外影响颇大，民间便以"宫保"命名。

"花重锦官城"——成都历史文化陈列·民俗篇展厅实景：黄敬临的"姑姑筵"

小知识：川菜名店

1. 关正兴与正兴园

关正兴（约1825—1910年），满族人。咸丰年间创办清末成都最著名的包席馆——正兴园，主要烹制高档北方味菜肴，兼做满汉全席。正兴园博采众长，精益求精，广收艺徒，被誉为现代川菜的领军者，其传统和特色为荣乐园所继承。

2. 黄敬临与"黄派"

黄敬临（1875—1941年），四川成都人。出身书香门第，清末曾任知县，醉心于川菜烹饪技艺。民国初年于包家巷创办高档包席馆"姑姑筵"，亲理厨政。因见多识广，潜心钻研，终成大家，其与传人之厨艺被称为"黄派"。蒋介石、张学良、徐悲鸿等名人均对其菜肴赞不绝口。

3. 蓝光鉴与荣乐园

蓝光鉴（1884—1962年），四川成都人，被誉为"现代川菜奠基人"。13岁入正兴园学艺，1912年创办荣乐园，清末时即蜚声业界。其贡献在于研制出一系列代表性菜品，确立了经典川菜的基本规范，奠定筵席菜的基本格局，培养了一批川菜烹饪人才，被公认为"川味正宗"及现代川菜的开创者。

市井美食

成都的街头巷尾，随处可见美食和美食家，陈兴盛饭铺就是街巷中大众饮食的代表之一。以"九斗碗"为特色的坝坝宴，集中体现了成都人的乡土情谊。有美食必有佳酿，唐宋之际，成都美酒已名扬天下。具有600年历史的水井坊，至今仍散发出都市醇酒的浓香。

陈兴盛饭铺与"麻婆豆腐"

1862年，陈兴盛饭铺始创于万福桥畔，在卖饭菜的同时也为过路挑夫加工菜肴。主厨是店主陈兴盛的妻子，她烧得一手好菜，烧出的豆腐不仅红亮诱人，兼具麻、辣、脆、嫩、烫、鲜、浑等特点，成为特色招牌菜。陈氏豆腐很快便声名远扬，有人见陈氏脸上长有麻痕，便戏称其制作的豆腐为"麻婆豆腐"。没想到此言不胫而走，遂成美谈，饭铺也因此被冠为"陈麻婆豆腐店"。晚清民国时，陈麻婆豆腐已成为家喻户晓的名菜。

"花重锦官城"——成都历史文化陈列·民俗篇展厅实景：陈兴盛饭铺

锦城竹枝词百咏

（清）

麻婆陈氏尚传名，豆腐烘来味最精。
万福桥边帘影动，合沽春酒醉先生。

> **小知识：竹枝词**
>
> 竹枝词，也称"竹枝""竹歌""竹枝词牌"，是我国古代富有地方特色的一种诗歌，起源于唐代，明清时期蔚然成风。竹枝词以优美的旋律和含蓄的意境，表达作者对爱情和人生的感悟。
>
> 与唐宋竹枝词创作不同，清代文人创作的竹枝词在内容上更加平实与写真，尤其是在四川地区大量涌现，其涉及地域广泛，涉及民族众多，内容丰富多彩。

"花重锦官城"——成都历史文化陈列·民俗篇展厅实景：坝坝宴

坝坝宴

坝坝宴始于清代，最初是秋后农民为庆祝丰收宴请乡邻亲友聚餐，后发展为婚娶、祝寿、迎春时的筵席。在成都城乡各地，凡遇红白喜事，都要宴请亲朋好友、左邻右舍吃坝坝宴，又称吃"九斗碗"。这是因为坝坝宴原先一共有九种蒸菜，分别为软炸蒸肉、清蒸排骨、粉蒸牛肉、蒸甲鱼、蒸浑鸡、蒸浑鸭、蒸肘子、夹沙肉、咸烧白。

因坝坝宴菜多量足，衍生菜品多样，能够撑场面，后来成了宴席的代称。四川民谣中有"破费一席酒，可解三生冤；吝啬九斗碗，结下终生怨"，可见坝坝宴不仅是联络感情、化解矛盾的灵丹妙药，也是和睦邻里的社交盛宴。

第三单元
岁时遨游乐

成都游乐风俗历史悠久：两汉宴饮之乐，唐宋游赏之盛，明清庙会之繁，民国青羊花会倾城参与等，皆为盛事。

宴饮游赏

成都的休闲游乐之风由来已久，大抵成形于两汉，唐宋时达到鼎盛。植根于蜀地丰裕物产基础上的悠闲舒适，是成都最为鲜明的城市特色之一。

小知识：宴饮聚会

前后蜀至两宋，蜀地社会相对稳定，成都城市繁荣，人们生活安定，游乐活动丰富，宴饮聚会之风尤为兴盛。后蜀时，官方举办的宴会就有"龙池宴""赏花宴""秋宵宴""长夜宴"等，宋代官府还举办"赏月宴""遨头宴"等大型游宴活动。岁时节庆、游山玩水、拜寺祈福之际，成都守臣都会设宴，上至太守僚属，下至平民百姓均可一起参加。"家多宴乐""俗尚嬉游""驰骋游遨"的记载反映了成都独特的游宴之事。

宋代以后，随着坊市界限的打破，百姓休闲娱乐得到了更大发展。除了民俗节日外，百姓的娱乐活动还可以在商业街市中通宵达旦地进行。宋张唐英《蜀梼杌（táo wù）》记载晚唐五代成都风俗："合筵社会，昼夜相接。"宋张咏《悼蜀诗》也记成都民间"酒肆夜不扃（jiōng）"。

青羊花会

青羊宫始建于周朝，相传老子曾在此传道，此后便成了道教宫观。自唐代以来，每年农历二月十五都要举行青羊宫花会，民间称为"赶青羊宫"。因为这一天是老子的诞辰日，所以青羊宫花会又称老君会。千百年来，青羊宫花会是成都最大的庙会。每至会期，百商云集，游人如织。

明末清初成都受战乱影响，花会暂停。清乾隆年间恢复，清末花会向新式劝业会转型，民国时期达到全盛，成为集文化、商业、娱乐为一体的春游活动。

青羊花会

第一次商业劝工会

1906年,四川省当局为了推动工商业发展,在成都青羊宫和与之一墙之隔的二仙庵,于原花会基础上开办了第一次商业劝工会,这也是近代中国最早的商品博览会。

从1906年到1911年间,成都连续举办了六次劝业会,前三次名为"商业劝工会",1909年后称"劝业会"。后来,成都劝业会持续约半个多世纪,一直到了民国时期。商业劝工会的举办,带来了新思想、新观念,推动社会由闭塞走向开放。

第四届成都劝业会颁奖

楠木林花会

楠木林花会

  1906年民国初年，四川陷入军阀割据状态，战乱频繁，花会或劝业会的举办受到很大影响。1935年，川政统一，1936年由民间举办、官方督理的花会，是民国建立后规模最大的一次。楠木林位于二仙庵大门之外，树木郁郁葱葱，空间很大，是花会和劝业会的重要会场。1937年后因战乱，花会、劝业会一度停办。

青羊花会里的成都小吃

青羊花会上各色成都特色小吃齐聚，其中尤以汤圆挑子、打锅盔、盆盆肉、担担面以及三大炮最具代表性。

成都人通常在正月初一早上吃汤圆。成都的汤圆有担卖、走街、定点设摊和坐堂营业四种。坐堂营业是早晚经营，而担卖只在晚饭后出担，作为夜宵。一百多年前，成都就有小贩挑着担子在街上售卖汤圆，又称"汤圆挑子"。

四川的锅盔是从陕西传入的，相传锅盔是周文王发明的。商朝末年，纣王昏庸无道，文王准备出征伐纣。由于行军路途遥远，为解决士兵吃饭问题，文王命人用小麦为每个士兵制作了一个很大的饼，让士兵背在身上。由于锅盔水分少，干而坚硬，又大又厚，可以抵挡敌军的弓箭，成了"防弹背心"。此后就被称为"锅盔"了，即用锅烙出来的硬面盔甲。现在的锅盔为了方便售卖，已经小了很多，种类也十分丰富。

盆盆肉，最早出现在清代晚期，是由生活在成都皇城坝回民发明的一种有名的小吃，那时盆盆肉又称牛肉肺片，其实应该是"废弃"的"废"。

20世纪30年代，成都有一对摆小摊的夫妇，看到一些废弃的牛内脏都被扔掉，觉得很可惜，就打理干净后上锅煮熟，再配以夫妻精心搭配的红油、花椒、芝麻、香油等各色调料，就炮制出了"夫妻肺片"。

担担面，是一种从自贡传入成都的大众化面食，其麻辣香味突出，鲜而不腻，辣而不燥，面条细薄，卤汁酥香，咸鲜微辣。担担面早期经营者肩挑担子，走街串巷，遇有食者，现煮现卖，

"花重锦官城"——成都历史文化陈列·民俗篇
展厅实景：汤圆挑子

于是，人们以担担面为其称呼。

三大炮，主要用糯米制作的一种传统小吃。售卖者手扯三坨热糍粑击打在桌上，使其跳入装有黄豆面的簸箕内，三个拣为一盘，浇上红糖、撒上芝麻。因糍粑团击打桌面时会发出"砰、砰、砰"的响声，声若放炮，桌面上叠放的铜盏也叮叮作响，分为"铁炮""火炮""枪炮"，因此称为"三大炮"，是极富特色的表演型美食。

"花重锦官城"——成都历史文化陈列·民俗篇展厅实景：打锅盔

"花重锦官城"——成都历史文化陈列·民俗篇展厅实景：盆盆肉

小知识

成都与酒

成都酒文化源远流长。三星堆遗址与金沙遗址即出土大量先秦时期的酒器。战国时蜀地"以酒曰醴（lǐ）"。两汉时，既有"文君当垆（lú）"卖酒之佳话，也有"载酒问字"于扬雄的美谈。唐诗中赞美成都美酒的诗篇众多，剑南烧春曾为贡酒。北宋时，成都酒业的繁荣程度堪比都城开封。明清以来，酒业更见兴盛，"天号陈""福升全""全兴成"代代相传。

明代姚氏有竹枝词："卓女家临锦江滨，酒旗斜挂树头新。当垆不独烧春美，便汲寒浆也醉人。"

中国白酒第一坊

1998年，成都水井街原全兴酒厂曲酒车间发现老酒坊遗址。该遗址具有600余年延续不断的酿酒历史，是我国考古发现传统酒坊中时代最早、延续性最强，且保存最为完整的"活文物"，被誉为"中国白酒第一坊"。

水井街老酒坊遗址（水井坊博物馆供图）

川剧和成都三庆会

川剧成熟于清代中期,是中国汉族戏曲剧种之一,融汇了高腔、昆曲、胡琴(皮黄)、弹戏(梆子)和四川民间灯戏五种声腔艺术,是四川文化的一大特色。

清雍正、乾隆年间,来自省外的高腔、昆曲、胡琴、梆子唱班,以及四川本土的灯戏为扩大影响,逐渐走向各种声腔同台演出的经营方式,称为"五音杂处"。

1912年,成都三庆会剧社成立,使昆腔、高腔、胡琴、弹戏、灯戏五大声腔熔于一炉,称为"五腔共和"。至此,川剧特色更加鲜明,进一步被人们熟知,趋于定型。

"花重锦官城"——成都历史文化陈列·民俗篇展厅实景:模拟川剧表演

被单戏

被单戏是四川木偶戏的一种，因在一张桌子四角绑上四根竹竿，再用一张形同被单的帷幕围住竹竿搭建成戏台进行表演，故得名"被单戏"。表演时演员的拇指、食指、中指分别套入中空偶人的衣袖、头像、衣袖，通过三个指头灵活地变换，表现出偶人的动作。

操纵手中木偶的同时，艺人还需不停地变幻各种声音，唱出优美词曲，并独自演奏锣鼓、唢呐、二胡等乐器。正所谓"台帷如被单，一人一戏班，天下众生相，都在指掌间"。

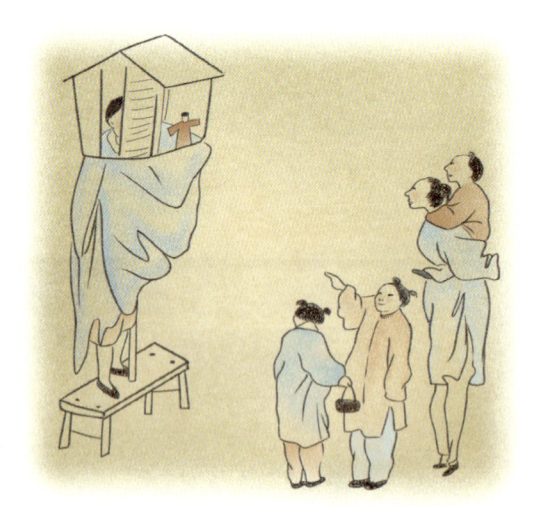

(清)钱廉成 《被单戏》 临摹

西洋镜

西洋镜是一种由欧美传入我国的民间游戏器具，因为最初画片儿多是西洋画，所以叫西洋镜，又名拉洋片。箱顶的鼓锁和旋转的小人儿用来吸引路人，画片儿装在箱子的上部，拉洋画的人一拉弹簧，洋画就落在箱子的下部供人观看。这些画片儿大多是古代打仗的图画、外国风景画或者从外国杂志上剪下来的插图，深受儿童喜爱，他们总是在圆孔前观看。

小鼓／堂鼓／大钹／小锣

　　川戏锣鼓，是川剧音乐的重要组成部分，使用乐器共有20多种，常用的可简为小鼓、堂鼓、大锣、大钹（bó）、小锣，统称为"五方"，加上弦乐、唢呐为"六方"，由小鼓指挥。

大钹　　　　　　　　　　　小锣

堂鼓　　　　　　　　　　　小鼓

> **小知识：川剧名角"康圣人"**
> 　　"三庆会"成为推动川剧繁荣兴盛的一面旗帜。"三庆会"的第二任社长康子林，是川剧历史上里程碑式的人物，五大声腔俱通，文行武行皆精，并首创变脸绝技，人称"康圣人"。
> 　　川剧分小生、旦角、生角、花脸、丑角5个行当，尤以小生、小丑、小旦的表演最具特色。

第四单元
茶馆小成都

蜀地是茶文化的起源地之一。星罗棋布的茶馆，是成都城市的缩影与标志。"成都大茶馆，茶馆小成都"，茶香浸润的悠闲生活，荡漾着真切而温馨的市井风韵。

三才盖碗

茶事在蜀，历史悠久。种茶、制茶、售茶、贩茶，茶俗、茶具、茶诗、茶艺，共同构成了闻名遐迩的蜀地茶文化体系。

盖碗茶

老成都茶馆最流行喝盖碗茶，盖碗包括茶盖、茶碗、茶船子三部分，又称"三才碗"。所谓"三才"，即天、地、人。茶盖在上谓之天，茶托在下谓之地，茶碗居中是为人，暗含"天地人和"之意。这么一副小小的茶具便寄寓了一个小天地，一个小宇宙。

盖碗茶

老虎灶

老虎灶是老成都茶馆中烧开水的灶台，是茶馆中最具特色的部分。老虎灶起源于江浙地区，以煤为燃料，因为节省燃料又方便适用，遂传遍全国各地。相传因形状颇似老虎而得名：前头堆烧柴火的炉膛是老虎张着的大嘴，后头一根烟囱伸到屋外，就像老虎竖起的尾巴。

清代以来，老虎灶在四川茶馆中普遍使用，民间也简称为茶灶。它除了向茶馆中的顾客供应开水和热水，根据茶馆大小的不同，还可以代客熬药、炖肉等。在大多家庭只有柴灶没有炉子的年代，它是茶馆附近多数人家购买热水的最佳场所。

茶馆人生

在成都，茶馆不仅仅是娱乐休闲之地，更承载着众多城市社会功能：调解纠纷、买卖求职、信息交流……泡茶馆已成为成都人特有的生活方式，而茶馆更是成都人日常生活的重要部分，有人说，成都是个大茶馆，而茶馆则是一个小成都。

袍哥

"袍哥"即哥老会，是清末民国时期由下层民众自发组织，绝大多数以茶馆为码头开展各种活动。

在四川的哥老会成员被称为袍哥，有两种解释：一说是取《诗经·无衣》"与子同袍"之义，表示是穿同一袍色的兄弟；另一说是袍与胞谐音，表示有如同胞兄弟。

吃讲茶

吃讲茶也叫"摆茶碗"，意指发生民事纠纷的当事双方，请一位德高望重的人物充当中间人，一起去茶馆评理调解。这是四川民间处理纠纷的传统方式，反映出成都人处理人际关系特有的态度，也反映出了清末民国时期的社会面貌。

"花重锦官城"——成都历史文化陈列·民俗篇展厅实景

打围鼓

打围鼓即川剧清唱，参与者大都为业余爱好者（称"玩友"），多在茶馆进行。无戏服，不化妆，演奏板鼓、堂鼓、川鼓、马锣、川胡、钹（bó）等乐器，自吹自唱，自娱自乐。虽然唱的是川剧，但只唱不表演，所以又叫"唱玩友儿"或"川剧座唱"。表演时，演唱者、听众都围着乐队，围着板鼓师，所以称"打围鼓"，是四川特有的一种民间文艺形式。

成都人在茶馆中的一天

茶馆容纳了成都人的生活百态，有聊天的，打牌的，按摩的，看戏的，掏耳朵的……可以说茶馆成为成都人生活的重要部分，因此我们也常说，成都是个大茶馆，而茶馆则是一个小成都。

影舞万象
——中国皮影展

　　皮影戏又称影子戏、灯影戏等，是一种具有悠久历史与文化内涵的民间戏剧形式。其表演方法是由演员操纵皮质或纸质的影人，并通过灯光将影像投映于幕窗上配以音乐和唱念来表演剧情，是世界上最早由人配音的影画艺术。在没有电视、电影的年代，皮影戏成为大家生活娱乐的重要组成部分，以最通俗的形式，给老百姓讲述着历史典故、忠孝仁义，扮演着教化育人的角色，有人认为皮影戏是现代"电影始祖"。

　　皮影戏凝聚着我国传统造型与表演艺术的精华，是人类非物质文化

遗产的重要代表。它根植于中国传统文化的深厚土壤，经过千年沧桑岁月的历练，铸就了属于中国，更属于世界的光影传奇。它凭借其精美的造型、精湛的操纵技艺、优美的唱腔与丰富的剧目，在世界表演艺术中独树一帜，历久弥新。

成都中国皮影博物馆，于2006年由国务院办公厅正式批复，全国唯一一家冠名为"中国"的皮影专题博物馆落地成都。博物馆内现有藏品近30万件／套，按照从皮影木偶文物到戏剧演出，再到传统文化的构架，全景式展示了影偶文化的内涵和外延。

三国英雄会古城

《古城会》皮影戏组件

清代—民国

牛皮　四川成都

纵80cm　横180cm

　　此组皮影讲述了曹操夺取徐州后，刘备（右二）、关羽（中）、张飞（左二）于徐州失散，张飞据古城称王。刘备先投袁绍，后与张飞会合。关羽被围土山，暂降曹操。在得知刘备、张飞在古城之后，关羽挂印封金，留柬告辞，过关斩将，刘、关、张终于相会于古城。

小知识：皮影起源

　　皮影戏发展至今，已有2000多年的历史。它的产生，源于人们对光和影的认识。远古时期，人们对捉摸不定的影子充满了畏惧与迷惑。后来，随着人们对光影现象的科学认识，便出现了影子嬉戏，与它相关的艺术形式还有大家熟悉的剪纸、走马灯、电影等。

　　有学者认为它的出现源于一个充满了爱与思念的爱情故事。相传，在西汉时期，汉武帝刘彻的宠妃李夫人生病去世，武帝非常思念她，以至于神情恍惚，终日不理朝政。一天，大臣李少翁出门遇见一个孩童手里正拿着布娃娃，布娃娃倒映在地面上的影子栩栩如生，李少翁得到启示，用棉帛裁成李夫人影像，涂上色彩，并在手脚处装上木杆。到了晚上，支上布帘，点上蜡烛，请武帝前来观看，武帝看后非常高兴，从此爱不释手。这个载入《汉书》的爱情故事，被认为是皮影戏最早的起源。

巾帼大义在胸中

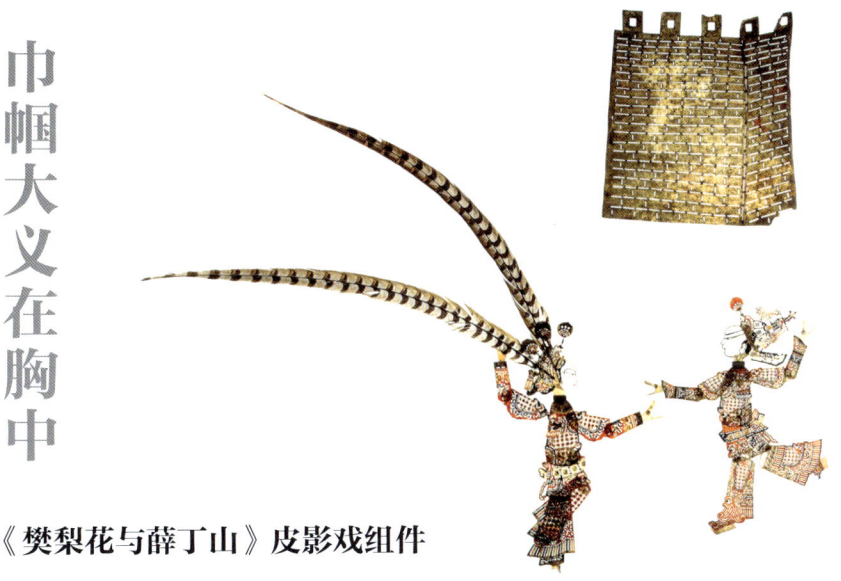

《樊梨花与薛丁山》皮影戏组件

清代—民国
牛皮　四川成都
纵120cm　横162cm

　　樊梨花是小说中的虚拟人物。相传，樊梨花是唐太宗贞观年间之人，其父樊洪为西突厥寒江关关主。当时，以甘肃为中心的一些西北小国并不愿接受唐王朝的管辖，甚至以武力与唐朝相对抗。

　　本组皮影讲述的故事是，樊梨花（左）力劝父亲献关归唐不成，反遭责骂。后樊梨花献关归唐，并与薛丁山（右）成婚，戏剧中有"三请樊梨花"的经典故事情节。

> **小知识：皮影发展**
>
> 　　最早关于影戏的文字记载是在北宋。北宋有素纸雕镂，南宋有羊皮彩绘；开封汴京（今河南开封）有小影戏棚子，临安都城（今浙江杭州）出现了"绘革社"，说明宋代的皮影艺术已经非常发达。到了明代出现了专门用于演出皮影的专用戏台，称为"灯影戏台"。清代是皮影戏最鼎盛的阶段，当时的王公贵族会用重金收藏皮影道具，有的还在家里私养皮影戏班。

影舞万象　　235

《白蛇传·断桥》皮影戏组件

清代—民国
牛皮　四川成都
纵295cm　横300cm

　　《白蛇传》是人妖之恋的民间神话故事。"断桥"是其中一段故事情节，白娘子为寻找许仙，不得已与法海斗法，于是水漫金山。本组皮影戏讲述了白娘子（中）、青儿（左）与逃出金山寺的许仙（右）在杭州西湖断桥边相遇。青儿欲惩罚许仙，为白娘子所阻，许仙诚挚悔过，三人和好如初。

断桥相会释前怨

小知识：成都皮影

  成都皮影是中国南派影戏最重要的代表之一。成都皮影的影人结构比较复杂，全身关节较多，除手臂、手肘可以动以外，连手指关节也可以活动。因此，成都皮影也被誉为"最复杂的皮影"。

  此外，成都皮影还吸收了很多川剧元素。川剧中的道具样式、脸谱形象都在成都皮影当中体现了出来，所以成都皮影的戏剧化程度非常高。同时，成都皮影还广泛吸收了蜀锦刺绣、四川年画等民间艺术成就，独具地方特色。

红梅绽放布新景

瓶花摆景皮影

民国—现代
牛皮　四川成都
纵64.5cm　横20cm

  此仿古根雕盆景架上放置有一只双耳花瓶，瓶上红梅开得正旺，梅花树枝粗壮虬曲，古意盎然，瓶身上刻有寓意吉祥的龙吐水图案。此类皮影多用于剧中陈设摆场。

影舞万象　237

猴骑骏马即封爵

《马上封侯》皮影

清代—民国
牛皮　陕西
纵36.4cm　横29.2cm

　　此皮影所绘"马上封侯"是中国传统吉祥寓意图样，由猴子、骏马组成。"猴"与"侯"同音双关，猴子骑于马上，寓意马上就要受封爵位。
　　周代有公、侯、伯、子、男五种爵位，侯爵为中国古代分五等贵族爵位的第二等级，这里泛指达官权贵。此图样寓意功名指日可待。

《独占鳌头》皮影

清代—民国
牛皮　陕西
状元，纵48.3cm　横24cm
鳌鱼，纵34cm　横70cm

　　鳌鱼，传说其本身为鲤鱼，有的鲤鱼跳过龙门而成为龙，有的鲤鱼则因为偷偷吃了海里的龙珠而变成了龙头鱼身，称为鳌鱼，它也是社稷支柱的象征。

　　科考殿试之后，皇帝通常会传旨宣布登第进士的名次，状元会到宫殿前的大台阶下，迎接殿试榜文，并听候皇帝宣召。古代宫殿台阶上往往有鳌鱼的浮雕，状元的脚下正是刻有龙和巨鳌的台阶，这就是"独占鳌头"的由来。

状元及第立鳌头

影舞万象

大闹龙宫得宝器

《西游记·龙宫借宝》皮影戏组件

现代
牛皮　陕西

　　《西游记》是我国古代第一部浪漫主义章回体长篇神魔小说，作者为明代作家吴承恩。其上天入地的奇幻想象蕴含着生活气息，西行取经的妙趣情节折射着世态人情。

《龙宫借宝》皮影戏讲的是悟空学艺回山，为寻一件称手的兵器，大闹东海龙宫，终得如意金箍棒的故事。除了如意金箍棒外，其他三海龙王还分别赠予悟空凤翅紫金冠、锁子黄金甲、藕丝步云履。

《西厢记·花园相会》皮影戏组件

清代—民国
牛皮 陕西

　　《西厢记》是中国戏曲经典中最具代表性的作品之一，作者为元代著名杂剧作家王实甫。剧本以古今少有的细腻笔触刻画出真挚动人的爱

花园相会定终身

情故事，表达了"愿天下有情人皆成眷属"的美好主题。

　　此组皮影讲的是张生在普救寺偶遇相国之女崔莺莺，一见钟情。恰遇叛将孙飞虎率兵围寺，欲强娶莺莺。崔母许诺以嫁女报解围之恩，张生遂求助友人白马将军，解除危难。事后崔母食言赖婚，张生相思成疾。几经波折，二人得红娘相助，于花园相会，定下终身。

《魁星点斗》皮影

清代—民国

牛皮　陕西

纵58cm　横30.5cm

魁星原指北斗星。传说有个才子，曾连中三元（解元、会元、状元），却因貌丑惊吓了皇后被乱棍逐出皇宫，愤而跳入东海，化作魁星。玉皇深悯其人，赐朱笔一支，命其掌管人间科举文运。于是，魁星左手持一支墨斗，右手持一支毛笔，左脚扬起后踢，腿上有北斗七星图案。故民间有着"任你文章高八斗，就怕朱笔不点头"的谚语流传。

魁星掌管状元运

小知识：皮影制作

　　栩栩如生的人物和场景都是皮影戏的道具。从选皮到影人成型，全凭艺人们长时间的摸索和总结，经过上千年的传承和发展，传统的制作工序大致可分为"选皮——制皮——画样——雕刻——着色——脱水——装订成型"等几个步骤。在所有工序中，雕刻是最关键的一环，也是对工艺要求最高的环节。有时一个影人要刻3000多刀，多的要用30把以上的刀具，而皮影这项雕刻技艺也是经师傅口传心授、手把手传承下来的。一件皮影的雕刻，往往需要依托灵感，一气呵成。

鹤鹿同春六方合

《鹤鹿同春》皮影

清代—现代
牛皮　内蒙古及河北

"鹿"谐音"陆","鹤"取"合"之音,合在一起便是"六合"。六合是指天地四方(天地和东南西北),亦泛指天下。中国民间运用谐音的手法,于是鹤鹿有"六合同春、欣欣向荣"之意,通常表达人们祈求国泰民安的美好愿望。鹤、鹿是长寿仙兽,鹤鹿同春也有祝寿的含义。

小知识:娱人酬神

皮影戏,在中国传统社会是最受老百姓喜爱的娱乐形式之一,既是人们在岁时节庆、红白喜事中不可缺少的娱乐项目,也是酬神祭祀等宗教活动的重要表现形式。酬神还愿、驱邪避疫、祈福祭祀、堂会、庙会、乡间、地头、街市、茶馆,总能看到皮影戏的身影。

在搭班唱影过程中,影戏艺人把以影戏为中心的人生带给观众,在娱人与酬神中,皮影戏承担着伦理教化的功能,塑造着传统社会的精神世界。

影舞万象

怪力乱神皆世情

《聊斋志异·赵城虎》皮影戏组件

民国
纸　四川成都

　　《聊斋志异》是一座凝练了精神与现实的奇幻迷宫，怪力乱神皆世情，嗔痴喜怒尽人生。

　　《赵城虎》是《聊斋志异》中的篇目。讲的是赵城有一老妇，其独子进山打猎为老虎所食。老妇大闹县衙，要让老虎偿命。县官命人缉拿老虎，令其孝养老妇，以赎死罪。老虎狩猎赡养老妇，恪尽孝道，直至老妇过世。

山中遇虎

告虎食子

捉拿老虎

东岳庙

老虎守坟

影舞万象 247

大幕开启新一春

《出巡》皮影戏组件

清代—民国
牛皮　陕西

　　陕西皮影是中国皮影戏中最具有代表性的流派之一，用牛皮雕刻而成，俗称"牛皮影"。
　　《出巡》是皮影戏中的大幕摆场戏。摆场戏一般称为"摆亮子"，主要由旗牌仪仗类人物组成，包括扛旗、武将等人物。

小知识：皮影流派

　　我国皮影戏的流传范围很广，遍及绝大部分省市，在不同历史时期都曾盛行。皮影艺术也在上千年的流传过程中，与各地的戏剧、民间绘画、民俗观念相融合，形成了风格各异的皮影戏流派。我国皮影艺术大致分为南派和北派（南方皮影和北方皮影）。

影舞万象　249

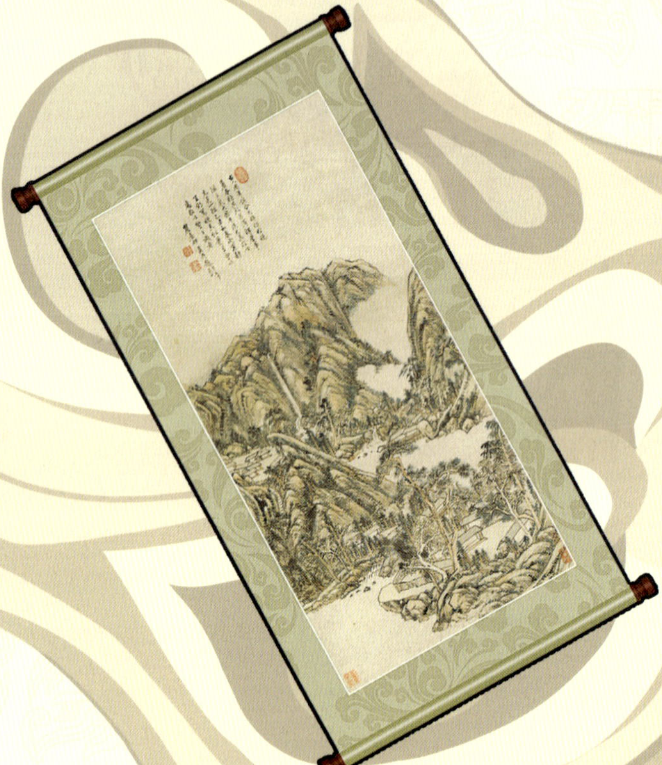

翰墨丹青
——成都博物馆藏书画精品

　　成都博物馆的书画类藏品涵盖书法、中国文人绘画、中国民间绘画、西式绘画、古籍旧档、印刷雕版等，其年代以清代民国为主。近年来，又开始增强对中国现代美术家作品的收藏，展现了新中国成立以来，川内美术家们"承古而革新"的艺术创作精神。这些高品质的美术藏品，将更好地服务于广大观众的文化生活，为成都市建设世界文化名城发挥重要作用。

作者简介

王原祁（1642—1715年），字茂京，号麓台、石师道人，江苏太仓人，清代著名画家，与王时敏、王鉴、王翚合称为清初"四王"。擅画山水，继承家法，学"元四家"，以黄公望为宗，喜用干笔焦墨，层层皴擦，用笔沉着，自称笔端有"金刚杵"。

王原祁重视笔墨之美，主张好画当在不生不熟之间，仿古而不泥古。其主要传世作品有《仿黄公望山水》《草堂烟树图》《夏山旭照图》《林壑充泉图》等。论画著作有《雨窗漫笔》《麓台题画稿》《罨画楼集》等。

春山古树墨痕疏

《云山晓色图》轴

纸本水墨设色

纵95cm　横48cm

此图描绘初春时的景致，画面中层峦叠嶂、树石蓊郁，笔墨古拙，色调淡雅，细碎的山石在繁复的堆砌中构筑出高古清幽的意境。

画上方题款："古人用笔具合天时，晦明晓暮各极其致，方得浑厚华滋之气，大痴平淡天真，于此尤是一班。乙未初春，雨窗静生，仍写晓色，似觉有会心处，敢以飨之识者。/麓台祁画并题/年七十有四。"钤"御书画图留与人看"朱白文印、"王原祁印"白文印、"麓台"朱文印等。题跋：吴大澂籀文题跋；钤"吴大澂印"白文印。

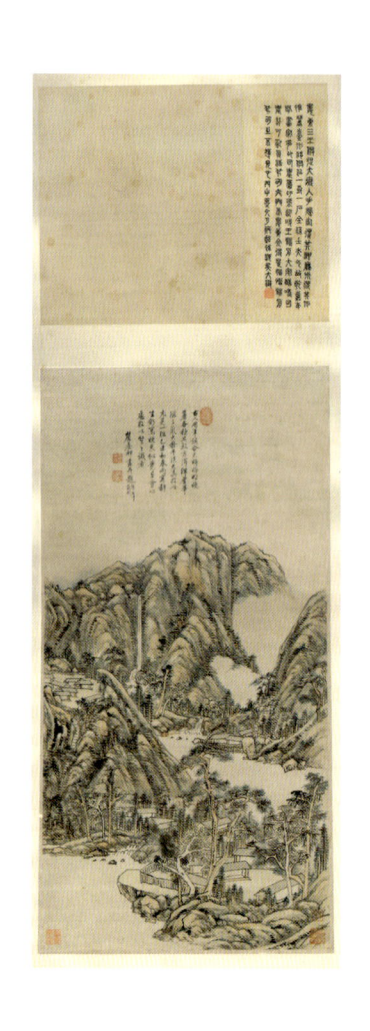

252　成都博物馆

作者简介

钱坫（1744—1806年），字献之，号小兰、十兰，江苏嘉定（今属上海嘉定区）人，清代学者、篆书大家，具有深厚的金石考据的学术功底，著有《说文解字斠诠》《十六长乐堂古器款识考》《论语后录》等。

秦篆风姿运笔稳

《甘泉宫铭》轴

纸本篆书

纵145.5cm　横39.5cm

此作内容节录自庾信《谢滕王集序启》："甘泉宫里，玉树一丛，元（玄）武阙前，明珠六寸，不得辟此光芒，方斯烛照。"左下角题"钱坫"，钤"钱坫之印"白文印、"嘉定徐郙收藏书画金石"朱文印。

此作书法风格取法秦代李斯与唐代李阳冰小篆，书风严谨精整、古雅浑厚。线条匀净挺拔，起收笔藏锋含蓄，中锋行笔，力道沉稳，体现篆书"玉箸"般的圆润感。字形方正匀称，布白疏密得当，规整而又不失灵动，深得秦篆法度。

翰墨丹青

作者简介

顾复初（1813—1894年），字幼耕，一作幼庚，又字乐余、子远，号道穆、听雷居士，又号罗曼山人，晚号潜叟，在清光绪年间被推为"蜀中第一书家"，代表作品有《罗曼山人诗文集》《乐静廉余斋文集》等。

谢无量（1884—1964年），原名蒙，字大澄，号希范，后易名沉，字无量，别署啬庵，近代著名学者、诗人、书法家。著有《佛学大纲》《中国大文学史》等。历任川西博物馆馆长、中国人民大学教授、中央文史研究馆副馆长。其书法风格独特，被称为"孩儿体"，兼具汉魏碑的刚健与晋唐帖的秀媚。

苍山青林伴君眠

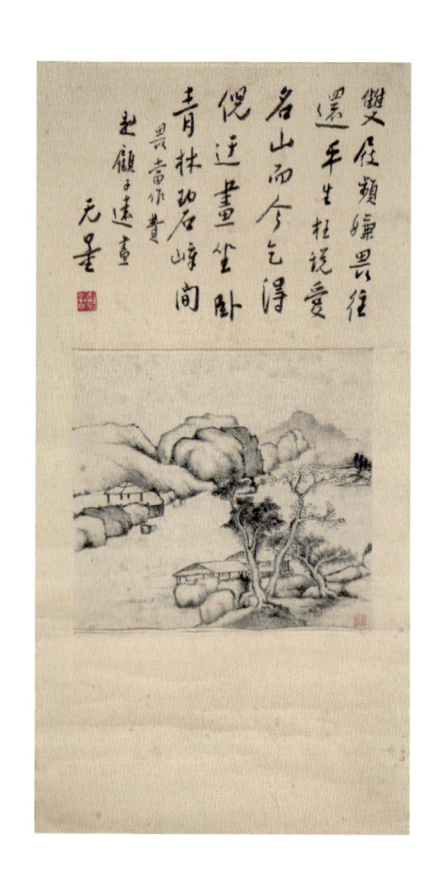

《山水图》轴

纸本水墨
纵93.5cm　横45cm

此画以干笔枯墨绘水岸屋舍，风格含蓄典雅，格调高逸，简洁自然。

画中无款识，钤"道穆"朱文印。画上方谢无量题诗："双履频嫌畏（费）往还，平生枉说爱名山，而今乞得倪迂画，坐卧青林碧嶂间。／畏当作费／题顾子远画／无量。"钤"谢"白文印。

作者简介

张大千（1899—1983年），字季爰，号大千，别号大千居士、下里港人，斋名大风堂，中国近现代著名的国画家、书法家、篆刻家，被西方艺坛赞为"东方之笔"。画风多样，人物、山水、花鸟皆能，工笔写意俱臻妙境，徐悲鸿称其为"五百年来一大千"。

烟波云山入谁梦

《岷山春霭图》轴

绢本水墨设色
纵209cm　横74.5cm

此图为张大千仿巨然山水之作，画中树石、山峦在云雾中层叠，溪溪潺水从山间流过，相映成趣。画以淡墨勾干，浓墨点叶，笔长而柔密，呈现幽美静谧之景。

画左侧题："四山螺黛寒，春霭迎清晓，千里阖濛溟，芙蓉綮云沼，列岉青树滋，激泉入深窈，拟泛岷江船，烟波归梦绕。/壬午秋日仿巨然笔写/岷山春霭图/蜀郡张爰大千父。"下钤"张爰之印"白文印和"大千"朱文印。

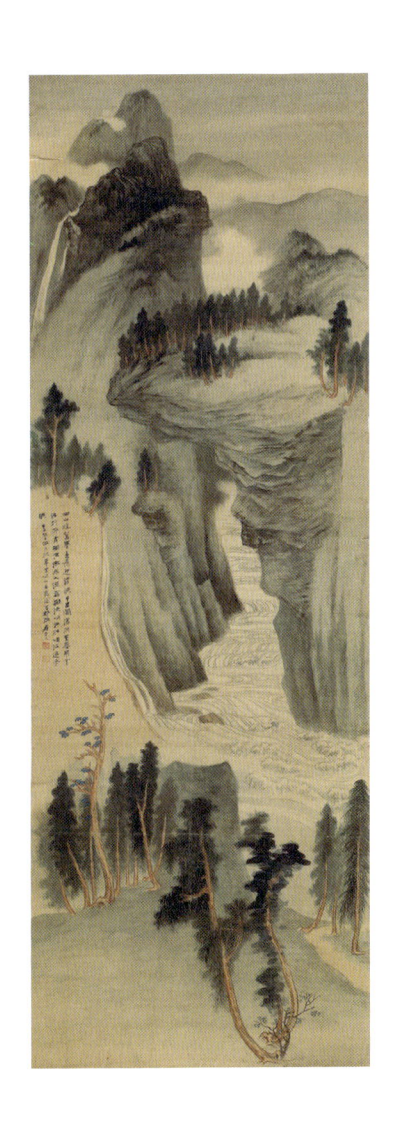

作者简介

傅抱石（1904—1965年），出生于江西南昌，原名长生，名中洲，字庆远，学名瑞麟，号抱石斋主人。中国近现代画家、美术史论家、书法家、美术教育家。

傅抱石在继承传统的同时，又推陈出新，创独特皴法——抱石皴。其画作大处以气势见长，小处以细致取胜，令人耳目一新，主要绘画作品有《屈原》《江山如此多娇》《天池林海》等。

气势磅礴天然成

《山水图》轴

纸本水墨设色

纵104cm　横60cm

此画采用传统山水画中经典的"高远"山势布局，画面通幅基本上被浑然磅礴的山体所占据，高耸的崖壁上，可见错落的居舍与飞流而下的溪瀑。山下探访的隐士和随侍，从画面底部的右下角处徐徐行入。在山崖肌理的细节处理上，依稀可见极具个人特征的"抱石皴"技法的运用。而山体、烟云与人物轮廓的勾勒，则流露出现代"新派山水画"的气息。整体节奏紧凑而饱满，运笔井然，功力深厚。

画右上角题"甲申八月既望东川写/抱石"，左下角钤"傅"朱文印、"轨迹而化"朱文印、"代山川而言也"朱文印。

作者简介

齐白石（1864—1957年），湖南湘潭人。原名纯芝，字渭清，号兰亭。后改名璜，字濒生，号白石，别号借山吟馆主者、寄萍老人等。中国近现代书画家、篆刻家，著有《借山吟馆诗草》《白石诗草》等。

《赠余中英书画》四条屏

纸本水墨设色

纵136cm　横33.5cm

齐翁别英笔墨柔

此作是齐白石临别友人余中英结束北京游程之后返回四川时，所赠予的四条屏作品。

屏一中妇人背对观者，怀中顺抱一位着红衣的稚童，暗喻"承欢膝下、阖家团圆"之意。行笔从容练达，家常生活气息浓郁。

题款一为"作老娘三十年，尚倒绷孩儿。此妇犹知顺抱，不算扶孩外行也。/予年三十时，于黎薇荪太史处见有抱孩老妇之大幅分。越四十余年，犹能追忆大略/白石齐璜并记"；钤"白石翁"白文印、"老木"朱文印。

题款二为"兴公仁弟寅酉秋负笈来燕从游，青胜蓝矣。今将还蜀，作画赠行。四幅之一/兄璜"；钤"老白"白文印、"流俗之所轻也"白文印。

屏二描绘了柔枝新绿的柳树荫下，一只牛儿逸然而立的春色景致。画作中笔意柔润松弛，赋彩清雅；尤其对牛儿的表现，几笔即成，憨然可掬。暗喻"沃壤牛耕、柳绿春田"之意。题款："甲戌赠兴公仁弟还蜀。四幅之二/白石璜"；钤印："行高兮，人众必非之"朱文印等。

屏三则选取游鱼与飞雁，传达画者对受赠人的依依不舍与思念之

翰墨丹青　257

情，暗喻"鱼肥秋水、雁过南迁"之意。线条极为简约，布局空灵，情义绵长。

题款一为"兴公弟还蜀，予作画为别。四幅之三/借山吟馆主者璜"；钤"木人"朱文印。

题款二为"兴公仁弟来游旧都居越八月，名迹游遍兮。将别予归蜀矣，但愿长寄书来，故画赠传书之鱼雁。/甲戌三月之初/小兄璜"；

钤"白石翁"白文印。

  屏四先以重墨铺陈出荷花延展宽大的叶片与硕实的莲蓬，再渲染出浓艳花瓣，一只蜻蜓降落在荷枝尖处，暗喻"荷艳莲实、'蜻蜓'玉立"之意。走笔稳重迟拙，色调犹若黄昏夕阳照耀下的荷塘。题款为"甲戌兴公仁弟还蜀，予赠画当车。四幅之四/齐璜"；钤"老木"朱文印、"白石相赠"白文印。

生字词注音释义

顺序	生字词	释义
B	犮（bá）	1.古同"拔"。2.古同"跋"，踩；踏；登。3.犬跑的样子。
B	陂（bēi）	1.池塘。2.池塘的岸。3.山坡。多音字，一读（pō），陂陀。另读（pí），用于地名，如黄陂（在湖北）。
B	褙（bèi）	把布或纸一层一层地粘在一起。
B	锛（bēn）	1.锛子。削平木料的平头斧。2.用锛子一类工具砍削；用镐掘地。3.刀刃出现缺口。
B	钹（bó）	俗称镲。打击乐器。铜制，圆形，中间隆起部分大，正中有孔，两片相击发声。形制大小不一。常用于吹打乐及戏曲、歌舞伴奏。钹镰，一种比较大型的镰刀。
B	镈（bó）	1.古代锄一类农具。2.古代乐器。形似大钟，青铜制成。
C	臿（chā）	插地起土的工具，相当于铁锹。
C	昶（chǎng）	1.白天时间长。2.舒畅；畅通。
C	幢（chuáng）	1.古代旗子一类的东西。2.刻着佛名或经咒的石柱子。多音字，也读（zhuàng），〈方〉量词。用于房子。
C	錞（chún）	1.古代一种铜制的军乐器，形如圆筒，上大下小，顶上多作虎形钮，可悬挂，常与鼓配合。2.靠近。
C	琮（cóng）	古代一种玉器，外边八角，中间圆形，常用作祭地的礼器。
C	賨（cóng）	中国秦汉时期四川、湖南等地少数民族所缴的一种赋税。亦指这些少数民族。
D	珰（dāng）	1.妇女戴在耳垂上的装饰品。2.借指宦官。汉代武职宦官侍中、中常侍等的帽子上有黄金珰的装饰品。
D	钿（diàn）	1.把金属宝石等镶嵌在器物上作装饰。2.古代一种嵌金花的首饰。多音字，也读（tián），钱，硬币。
D	铤（dǐng）	古指铜铁矿石。多音字，也读（tǐng），铤而走险。
D	敦（duì）	青铜器名，盛黍稷的器具。
D	碓（duì）	1.舂米的用具。在杠杆一端安椭圆或上方下圆的石头，用脚踩另一端，使圆石起落，捣去石臼里稻谷的壳。2.捣；舂。
E	屙（ē）	排泄。
E	珥（ěr）	1.用珠子或玉石做的耳环。2.太阳、月亮周围的光气圈。3.插。一般指插在帽子上。
F	枋（fāng）	1.古书上说的一种树，木材可做车。2.方柱形木材。多音字，也读（bǐng），古同"柄"，权柄。
F	钫（fāng）	古代储酒器具。

260　成都博物馆

续表

顺序	生字词	释义
F	凫（fú）	1.水鸟，俗称"野鸭"，似鸭，雄的头部绿色，背部黑褐色，雌的全身黑褐色，常群游湖泊中，能飞。2.动词，同"浮"。3.凫茈，古书上指"荸荠"。
	簠（fǔ）	古代祭祀时盛稻粱的器具。
G	毂（gū）	1.车轮中心的圆木。2.借指车。
	簋（guǐ）	古代盛食物器具，圆口，双耳。
H	颔（hàn）	1.下巴。2.点头，表示同意。
	盉（hé）	古代酒器，用青铜制成，多为圆口，腹部较大，三足或四足，用以温酒或调和酒水的浓淡。盛行于中国商代后期和西周初期。
	鹘（hú）	隼。多音字，也读（gǔ），鹘鸼（zhōu），古书上说的一种鸟，羽毛青黑色，尾巴短。
J	跽（jì）	长跪，挺直上身两膝着地。
	瘕（jiǎ）	中医病名。本指妇女腹中结块的病；泛指人腹中结块的病。多音字，读（xiá）时，古同"瑕"，污；缺点。读（xiā）时，指喉病。
	鞯（jiān）	马鞍子下面的垫子。
	笕（jiǎn）	1.引水的竹、木管子。2.指肥皂。
	鐎（jiāo）	1.刁斗，古代军用炊具，三足，有柄，夜间用来敲击报更。2.温酒器。
	扃（jiōng）	1.从外面关闭门户用的门闩、门环等。借指门扇。2.关门。
K	窠（kē）	鸟兽昆虫的窝。
	刳（kū）	剖开后再挖空。
	銙（kuǎ）	1.古代附于腰带上的装饰品，用金、银、铁、犀角等制成。2.形似带銙的一种茶，称"銙茶"。3.量词，计算茶叶銙数的单位。
	壸（kǔn）	古时皇宫里的路。
L	罍（léi）	1.古代一种盛酒的容器。小口，广肩，深腹，圈足，有盖，多用青铜或陶制成。2.盥洗用的器皿。
	嫘（léi）	嫘祖，传说中黄帝的妻子，发明养蚕。
	醴（lǐ）	1.甜酒。2.甘甜的泉水。
	鬲（lì）	古代炊具，样子像鼎，足部中空。

续表

顺序	生字词	释义
L	奁（lián）	1.古代盛梳妆用品的匣子。2.泛指盛放器物的匣子。3.古时盛放香炉的笼子。亦称"香笼"。4.嫁妆
	砻（lóng）	1.去掉稻壳的工具，形状像磨，多用木料制成。2.用砻去掉稻壳。
	垆（lú）	1.黑色的土壤。2.旧时酒店安放酒瓮的土台。也指酒店。
	闾（lǘ）	1.里巷的大门。2.古代户籍编制单位。周代以二十五家为一闾。3.里巷；邻里。4.姓。
M	瑁（mào）	1.天子所执之玉。2.玳（dài）瑁。玳瑁，属爬行纲，海龟科的海洋动物。
	貘（mò）	哺乳动物，外形略像犀牛而矮小，尾短，鼻子突出很长，能自由伸缩，皮厚毛少，前肢四趾，后肢三趾，善于游泳。生活在热带密林中，吃嫩枝叶等。
	鍪（móu）	1.古代炊具。似锅。2.古代武士的头盔。
N	内（nà）	1.亦作"內"。2.纳（納）的古字。多音字，读（nèi）时，1.里面；里头的（跟"外"相对）。2.称妻子或妻子方面的亲属。3.指体内或内脏。4.指心里。5.指皇宫。读（ruì）时，通"枘"，榫头。
P	蟠（pán）	屈曲；环绕。
	蟠螭（pán chī）	蟠螭是龙属的蛇状神怪之物，是一种无角的早期龙，对蟠螭也有两种说法，一种是指黄色的无角龙，另一种是指雌性的龙。
	蟠虺（pán huǐ）	青铜器纹饰的一种，以蟠曲的小蛇的形象，构成几何图形。
	鋬（pàn）	器物侧边供手提拿的部分。
	帔（pèi）	古代披在肩背上的服饰：凤冠霞帔。
	辔（pèi）	驾驭牲口用的嚼子和缰绳。
	堋（péng）	1.分水堤（中国战国时李冰修建都江堰时所创建）。2.射击瞄准用的土墙。多音字，也读（bèng），丧葬下土。
	鞞（pí）	1.古同"鼙（pí）"，鼓名。多音字，一读（bǐng），刀剑柄上或鞘上近口处的装饰（一说刀剑鞘）。二读（bì），古同"韠（bì）"，古代朝觐或祭祀时遮蔽在衣裳前面的一种服饰。三读（bēi），〔牛鞞〕古县名。
	軿（píng）	古代一种有帷幔的车，多供妇女乘坐。
Q	郪（qī）	郪江，水名，在四川，流入涪江。
	綦（qí）	1.青黑色。2.副词。极。
	骹（qiāo）	1.胫骨近脚处较细的部分，亦指脚。2.轴状物体较细的部分。多音字，也读（xiāo），古同"髐"，响箭。

262 成都博物馆

续表

顺序	生字词	释义
Q	銎（qióng）	斧子上安柄的孔。
	璩（qú）	1.玉做的耳环。 2.姓。
R	髯（rán）	两腮的胡子，也泛指胡子。
S	腧（shù）	腧穴，人体上的穴位。
	榫（sǔn）	榫头，器物或构件上利用凸凹方式相连接的凸出部分。
T	梼杌（táo wù）	古代传说中的猛兽，借指凶恶的人。
	鞉（táo）	古同"鼗"。拨浪鼓。
	橐（tuó）	1.一种口袋。2.拟声词。硬物连续撞击地面等的声音
W	庑（wǔ）	古代正房对面和两侧的屋子。
X	髹（xiū）	1.用漆涂在器物上。2.古代称红黑色的漆。
Y	轺（yáo）	轺车，古代一匹马驾驶的轻便小车。
	揲（yè）	1.箕舌（指接在簸箕底部向前延伸的板）。2.将物体揲薄。多音字，一读（dié），摺叠。另读（shé），1.古代数蓍草以占卜吉凶。2.积累。3.取。
	匜（yí）	1.古代盥洗时舀水用的器具，形状像瓢。2.古代一种盛酒的器具。
	弋（yì）	一种带绳子的箭。古人用来射鸟。
	挹（yì）	1.舀，把液体盛出来。2.拉。3.古同"抑"，抑制、谦退。4.古同"揖"，作揖。
	刈（yì）	1.割（草或谷类）。2.割草用的农具。
	荥（yíng）	地名用字。荥经，在中国四川省。多音字，也读（xíng）。荥阳，在中国河南省。
	萸（yú）	〔茱萸〕灌木或小乔木。果实供药用。另有吴茱萸，灌木，花蕾供药用。
	谷（yù）	〔吐谷浑〕我国古代民族，在今甘肃、青海一带。隋唐时曾建立政权。多音字，常读作（gǔ），1.两山中间狭长的水道。又指两山之间。2.粮食作物的总称。3.谷子，一种草本植物，去掉皮的籽实即小米，可食用。4.南方称稻子或稻的子实。5.（gǔ）姓。6.比喻困境。读（lù）时，谷蠡王，匈奴官名。
	钺（yuè）	1、古代兵器，青铜制，像斧，比斧大，圆刃可砍劈，中国商及西周盛行。又有玉石制的，供礼仪、殡葬用。 2、古星名。
Z	帀（zā）	量词。周；圈。
	錾（zàn）	1.凿金石用的工具。2.在金石上雕刻。

生字词注音释义 263

续表

顺序	生字词	释义
Z	帻（zé）	古代的一种头巾。
	柘（zhè）	1.落叶灌木或小乔木，树皮灰褐色，有长刺，叶子卵形，头状花序，果实球形。叶子可以喂蚕，根皮可入药。2.姓。
	桢（zhēn）	1.坚硬的木头。2.古代打土墙时所立的木柱。
	钲（zhēng）	古代行军时用的打击乐器，有柄，形状像钟，但此钟狭而长，用铜制成。
	栉（zhì）	1.梳子、篦子等梳头发的用具。2.梳（头发）。
	辀（zhōu）	古代车前面弯曲的独木车辕。用以驾马。
	辎（zī）	古代一种有帷子的车。
	镞（zú）	箭镞，又名箭簇，即金属箭头。

忆华年主要文博类出版物

博典·博物馆笔记书

已出版——
《故宫里的海底精灵》
《故宫里的晴空白羽》
《故宫里的瑰丽珐琅》
《故宫里的温润君子》
《故宫里的金色时光》
《故宫里的琳琅烟云》
《故宫里的夜宴清歌》
《故宫里的阆苑魅影》
《故宫里的诗经墨韵》
《故宫里的洛神之恋》
《故宫里的金枝玉叶》
《故宫里的花语清风》
《故宫里的天子闲趣》
《故宫里的丽人雅趣》
《故宫里的童子妙趣》
《故宫里的禅定瑜伽》
《故宫里的花样冰嬉》
《故宫里的森林"萌"主》
《渔舟唱晚·墨霖山海》

待出版——
《故宫里的丹心爱犬》
《故宫里的绿鬓红颜》
《故宫里的顽皮宝贝》
《故宫里的十二生肖》
《故宫里的百态造像（动物）》
《故宫里的百态造像（人物）》

全国博物馆通识系列·一本博物馆

已出版——
《一本博物馆 南京博物院》
《一本博物馆 陕西历史博物馆》
《一本博物馆 湖北省博物馆》
《一本博物馆 湖南博物院》
《一本博物馆 辽宁省博物馆》
《一本博物馆 大同市博物馆》
《一本博物馆 重庆中国三峡博物馆》
《一本博物馆 安徽博物院》
《一本博物馆 广西壮族自治区博物馆》
《一本博物馆 山东博物馆》
《一本博物馆 广东省博物馆》
《一本博物馆 成都博物馆》

待出版——
《一本博物馆 中国(海南)南海博物馆》
《一本博物馆 山西博物院》
《一本博物馆 蚌埠市博物馆》
《一本博物馆 内蒙古博物院》

成都曲

（唐）张籍

锦江近西烟水绿，新雨山头荔枝熟。
万里桥边多酒家，游人爱向谁家宿。

上皇西巡南京歌十首

（唐）李白

其一
胡尘轻拂建章台，圣主西巡蜀道来。
剑壁门高五千尺，石为楼阁九天开。

其二
九天开出一成都，万户千门入画图。
草树云山如锦绣，秦川得及此间无。

其三
华阳春树号新丰，行入新都若旧宫。
柳色未饶秦地绿，花光不减上阳红。

其四
谁道君王行路难，六龙西幸万人欢。
地转锦江成渭水，天回玉垒作长安。

其五
万国同风共一时,锦江何谢曲江池。
石镜更明天上月,后宫亲得照蛾眉。

其六
濯锦清江万里流,云帆龙舸下扬州。
北地虽夸上林苑,南京还有散花楼。

其七
锦水东流绕锦城,星桥北挂象天星。
四海此中朝圣主,峨眉山下列仙庭。

其八
秦开蜀道置金牛,汉水元通星汉流。
天子一行遗圣迹,锦城长作帝王州。

其九
水绿天青不起尘,风光和暖胜三秦。
万国烟花随玉辇,西来添作锦江春。

其十
剑阁重关蜀北门,上皇归马若云屯。
少帝长安开紫极,双悬日月照乾坤。

登锦城散花楼

(唐)李白

日照锦城头,朝光散花楼。
金窗夹绣户,珠箔悬银钩。
飞梯绿云中,极目散我忧。
暮雨向三峡,春江绕双流。
今来一登望,如上九天游。

春夜喜雨

(唐)杜甫

好雨知时节,当春乃发生。
随风潜入夜,润物细无声。
野径云俱黑,江船火独明。
晓看红湿处,花重锦官城。

蜀相

(唐)杜甫

丞相祠堂何处寻,锦官城外柏森森。
映阶碧草自春色,隔叶黄鹂空好音。
三顾频烦天下计,两朝开济老臣心。
出师未捷身先死,长使英雄泪满襟。

成都府

(唐)杜甫

翳翳桑榆日,照我征衣裳。
我行山川异,忽在天一方。
但逢新人民,未卜见故乡。
大江东流去,游子去日长。
曾城填华屋,季冬树木苍。
喧然名都会,吹箫间笙簧。
信美无与适,侧身望川梁。
鸟雀夜各归,中原杳茫茫。
初月出不高,众星尚争光。
自古有羁旅,我何苦哀伤。

绝句四首·其三

(唐)杜甫

两个黄鹂鸣翠柳,一行白鹭上青天。
窗含西岭千秋雪,门泊东吴万里船。

江畔独步寻花七绝句·其六

(唐)杜甫

黄四娘家花满蹊,千朵万朵压枝低。
留连戏蝶时时舞,自在娇莺恰恰啼。

狂夫

（唐）杜甫

万里桥西一草堂，百花潭水即沧浪。
风含翠筱娟娟净，雨裛红蕖冉冉香。
厚禄故人书断绝，恒饥稚子色凄凉。
欲填沟壑唯疏放，自笑狂夫老更狂。

赠花卿

（唐）杜甫

锦城丝管日纷纷，半入江风半入云。
此曲只应天上有，人间能得几回闻。

昨以拙诗十首寄西川杜相公,相公亦以新作十首惠然报示,首数虽等,工拙不伦,重以一章,用伸答谢

(唐)白居易

诗家律手在成都,权与寻常将相殊。
剪截五言兼用钺,陶钧六义别开炉。
惊人卷轴须知有,随事文章不道无。
篇数虽同光价异,十鱼目换十骊珠。

寄蜀中薛涛校书

(唐)王建

万里桥边女校书,枇杷花里闭门居。
扫眉才子知多少,管领春风总不如。

临江仙·送王缄

(宋)苏轼

忘却成都来十载,因君未免思量。
凭将清泪洒江阳。
故山知好在,孤客自悲凉。
坐上别愁君未见,归来欲断无肠。
殷勤且更尽离觞。
此身如传舍,何处是吾乡。

成都行

(宋)陆游

倚锦瑟,击玉壶,吴中狂士游成都。
成都海棠十万株,繁华盛丽天下无。
青丝金络白雪驹,日斜驰遣迎名姝。
燕脂褪尽见玉肤,绿鬟半脱娇不梳。
吴绫便面对客书,斜行小草密复疏。
墨君秀润瘦不枯,风枝雨叶笔笔殊。
月浸罗袜清夜徂,满身花影醉索扶。
东来此欢堕空虚,坐悲新霜点鬓须。
易求合浦千斛珠,难觅锦江双鲤鱼。

晓过万里桥

(宋)陆游

晓出锦江边,长桥柳带烟。
豪华行乐地,芳润养花天。
拥路看欹帽,窥门笑坠鞭。
京华归未得,聊此送流年。

梅花绝句六首·其二

（宋）陆游

当年走马锦城西，曾为梅花醉似泥。
二十里中香不断，青羊宫到浣花溪。

锦城夕

(明)杨慎

锦波澄霁色,丹楼生晚辉。
江光二流暝,桥影七星稀。
犹明叔度火,未息文君机。
南陌骖騑度,东城钟漏微。